Inhalt

W0063657

STÉPHANE ETRILLARD

FAIR ZUM ZIEL

STRATEGIEN FÜR SOUVERÄNE UND ÜBERZEUGENDE KOMMUNIKATION

Junfermann Verlag
Paderborn
2015

Copyright   © Junfermann Verlag, Paderborn 2015

Coverfoto   © Jose Ignacio Soto – fotolia.com

Autorenfoto   © Sylke Gall, Berlin 2014

Covergestaltung / Reihenentwurf   Christian Tschepp

Satz   JUNFERMANN Druck & Service, Paderborn

Bibliografische Information   Die Deutsche Bibliothek verzeichnet diese
der Deutschen Bibliothek   Publikation in der Deutschen Nationalbiblio-
grafie; detaillierte bibliografische Daten sind
im Internet über http://dnb.ddb.de abrufbar.

ISBN 978-3-95571-016-3

Dieses Buch erscheint parallel als E-Book.
ISBN: 978-3-95571-017-0 (EPUB), 978-3-95571-304-1 (PDF),
978-3-95571-303-4 (MOBI).

Erfolgreiche Gespräche durch faire Kommunikation

Gespräche sind so vielfältig wie die Menschen, die sie führen. Und die Art und Weise, wie jemand kommuniziert, gewährt einen umfassenden Einblick in seine Persönlichkeit. Da gibt es Menschen, die sympathisch und vertrauensvoll wirken, weil sie ihrem Gesprächspartner aufmerksam und interessiert zuhören, auf ihn eingehen und im Gespräch gute Argumente vorbringen können. Andere wirken schüchtern und zurückhaltend, weil sie nur zaghaft Antworten geben und dem Gegenüber stets die Führung im Gespräch überlassen. Wieder andere diskutieren wild drauflos und versuchen, ihren Gesprächspartner mit Vehemenz in die Enge zu treiben, anstatt ihn mit Argumenten auf ihre Seite zu bringen. Und in manchen Gesprächen hat man das Gefühl, der Gesprächspartner verliert das Ziel des Gesprächs komplett aus den Augen: Eine leere Phrase folgt der anderen, Aussagen werden so lange verwässert, bis sie gar nichts mehr bedeuten, Fragen bleiben unbeantwortet, und Einwände werden ignoriert. Solche Gespräche sind zutiefst unbefriedigend; und ein solcher Gesprächspartner erscheint uns eher zwielichtig als vertrauenswürdig.

So groß wie die Unterschiede im Kommunikationsverhalten, so groß sind natürlich auch die Unterschiede in der Qualität der geführten Gespräche und in der Qualität der Gesprächsergebnisse. Die Erfahrung zeigt, dass sowohl im Privat- als auch im Berufsleben jede Menge Zeit und Energie verschwendet werden, weil Gesprächspartner aneinander vorbeireden und Gespräche einfach misslingen.

Erfolgreiche Gespräche sind also weitaus mehr als schmückendes Attribut. Sie sind eine Notwendigkeit im sozialen und beruflichen Miteinander. Sie fördern starke und verbindliche Beziehungen zu Mitmenschen und Kollegen, legen die Basis für berufliche Erfolge, helfen dabei, die eigenen Ziele zu erreichen und als starke Persönlichkeit in Erscheinung zu treten. Mehr noch: Sie beugen Konflikten vor oder tragen zu ihrer Lösung bei, sparen Zeit und Energie und sind nicht zuletzt ein wichtiges Hilfsmittel, um andere Menschen von den eigenen Ideen zu überzeugen, sie zu begeistern und zu motivieren sowie neue Prozesse in Gang zu setzen. Ganz egal, ob es dabei um die Auswahl eines schönen Urlaubsorts geht oder um die Präsentation eines neues Bauprojekts. Eine gekonnte Gesprächsführung ermöglicht ein erfolgreiches Gespräch, das zu tragfähigen Ergebnissen und einer echten Verständigung führt, und stärkt außerdem das Ansehen einer Person und die Beziehung zwischen den Beteiligten. Kommunikative Misserfolge hingegen schmälern die persönliche Reputation, belasten die Beziehung, führen zu Missverständnissen und Konflikten und tragen in der Regel nichts zur Klärung der besprochenen Sache bei.

In diesem Sinne lesen Sie auf den folgenden Seiten, was Sie selbst tun können, um Ihre Erfolgsquote in Gesprächen deutlich und nachhaltig zu steigern und souverän und überzeugend zu kommunizieren.

1. | Ihr Kommunikationsstil zeigt, wer Sie sind

Gespräche sind der Dreh- und Angelpunkt des sozialen Miteinanders, im Privatleben ebenso wie im Berufsalltag. Die Bandbreite der alltäglich vorkommenden Gespräche reicht dabei vom entspannten Small Talk auf einer Party bis zu einer knallharten Verhandlung mit Geschäftspartnern oder einer hitzigen Auseinandersetzung mit dem Lebenspartner. So unterschiedlich diese Gespräche auch sind, die Faktoren, die zu ihrem Gelingen beitragen, sind letztlich immer die gleichen. Dabei denken viele Menschen vorrangig an bestimmte dialektische Kunstgriffe, mit denen sie einen Gesprächserfolg herbeiführen können. Doch an erster und wichtigster Stelle stehen zunächst Sie selbst, denn Ihre Persönlichkeit prägt in hohem Maße Ihren Kommunikationsstil und hat damit auch großen Einfluss auf die Erfolgsaussichten Ihrer Gespräche. Die Auseinandersetzung mit der eigenen Persönlichkeit steht daher an erster Stelle, wenn es darum geht, erfolgreich zu kommunizieren.

Dementsprechend sagt Ihr Kommunikationsstil auch sehr viel über Ihre Persönlichkeit aus, sodass Sie mit jedem Gespräch immer auch eine Menge von sich selbst offenbaren. Ihre Mitmenschen leiten aus Ihrem Kommunikationsverhalten Ihre persönlichen Eigenschaften, Vorzüge, Stärken und auch Schwächen oder Defizite ab, machen sich auf diese Weise ein Bild von Ihrer Persönlichkeit. Ein guter Kommunikationsstil ist also auch ein persönliches Aushängeschild.

1.1 Gesprächspartnern offen und unvoreingenommen begegnen

Eine gute Gesprächsführung beginnt lange vor dem tatsächlichen Gespräch, denn der Gesprächsverlauf wird maßgeblich davon beeinflusst, mit welcher Einstellung Sie in das Gespräch gehen. Wenn Sie von vornherein davon ausgehen, dass Ihre Meinung ohnehin die einzig richtige ist und dass Sie Ihrem Gegenüber letztlich gar nicht mehr zuzuhören brauchen, weil Sie schon alles wissen, dann können Sie sich die Mühe eines Gesprächs vermutlich sparen.

Denn das grundlegende Ziel der Kommunikation ist die gegenseitige Verständigung, also der erfolgreiche Austausch von Informationen. Dabei kommt es darauf an, dass das Gesagte von den Gesprächspartnern auch tatsächlich so verstanden wird, wie es gemeint ist. Und das geht nur, wenn sich die Gesprächspartner aufeinander einstellen, einander offen, unvoreingenommen und mit echtem Interesse begegnen und bereit sind, einander zuzuhören und sich sowohl auf das Gespräch als auch auf den anderen einzulassen. Die Beteiligten wirken dabei wechselseitig aufeinander ein: Die Bereitschaft, sowohl die Worte des Gesprächspartners zu verstehen als auch das, was er tatsächlich damit meint, hat einen starken positiven Einfluss auf das Gegenüber und auf das gesamte Gespräch. Wer sich für die Argumentation des anderen öffnet und aufmerksam zuhört, wird auch den Gesprächspartner dazu anregen, sich seinerseits offen und interessiert zu zeigen. – Damit können Sie also selbst die besten Voraussetzungen für das Gelingen des Gesprächs schaffen.

> Die persönliche Einstellung zum Gespräch und zum Gesprächspartner entscheidet über den Gesprächserfolg.

Mit authentischem Verhalten überzeugen

Eine solche innere Einstellung lässt sich nun jedoch nicht simulieren, sie muss authentisch sein. Sie können nicht so tun, als wären Sie unvoreingenommen und interessiert, und stattdessen im Stillen davon ausgehen, dass Ihr Gegenüber sowieso im Unrecht ist. Dann wird das Gespräch zur Farce, denn es verliert seinen ursprünglichen Zweck. Das heißt nicht, dass Sie keine eigene Meinung haben und vertreten sollen. Doch es ist wichtig zu akzeptieren, dass der Gesprächspartner ebenfalls eine eigene Meinung hat und über eigene Informationen und Ansichten verfügt. Diese muss man nun erst einmal verstehen, bevor man miteinander darüber redet. Und wenn ein Gespräch erfolgreich verlaufen soll, dann ist es erforderlich, dass Sie sich tatsächlich dafür öffnen und nicht nur so tun als ob.

Authentisches Verhalten im Gespräch ist deshalb so wichtig, weil Gespräche nur dann erfolgreich verlaufen und tragfähige Ergebnisse liefern können, wenn die Gesprächspartner einander als glaubwürdig empfinden und dem Gesagten Vertrauen schenken. Ansonsten kann keine Verständigung entstehen. Steht ein Gesprächspartner mit seinem gesamten Auftreten ganz offensichtlich im Widerspruch zu sich selbst, wird sich beim Gegenüber sehr schnell der Verdacht einschleichen, dass ihm hier etwas vorgemacht wird. Skepsis und Zweifel an der Glaubwürdigkeit des anderen werden geweckt, alles Gesagte wird infrage gestellt, Gesprächsergebnisse bleiben unverbindlich.

Wer sich in Gesprächen authentisch verhält, weckt Vertrauen, wirkt glaubwürdig und kann überzeugen. Alles Aufgesetzte hingegen wirkt schnell unecht und beeinträchtigt das Vertrauen in das Gesagte. Authentische Menschen erwecken den Eindruck, sie seien wirklich sie selbst und handelten nach ihren tatsächlichen Ansichten und Überzeugungen. Denken, Fühlen und Handeln stimmen bei ihnen miteinander überein. Sie wirken

> Nur wer glaubwürdig ist, kann überzeugen.

verlässlich und vertrauenswürdig. Man könnte nun meinen, das
sei doch eine Selbstverständlichkeit und nichts Besonderes.
Doch in vielen Situationen und Gesprächen erliegen wir der Versuchung,
eine bestimmte Rolle anzunehmen, um beispielsweise einen etwas
glanzvolleren Eindruck zu hinterlassen oder von etwaigen eigenen
Schwächen abzulenken oder um Interesse vorzugaukeln oder um
zu überspielen, dass wir selbst gar keine guten Argumente vor-
weisen können ... Immer wieder gibt es Situationen, in denen wir
geneigt sind, nicht ganz wir selbst zu sein. – Für nachhaltige Gesprächserfolge ist dies jedoch die falsche Strategie.

Dabei spielt es keine Rolle, um was für ein Gespräch es sich handelt. Ob Sie den etwas langatmigen Ausführungen einer Freundin
nur mit gespieltem Interesse folgen oder in einer komplizierten
geschäftlichen Verhandlung nur so tun, als wären Sie von den
Vorteilen des eigenen Angebots hundertprozentig überzeugt – das
Ergebnis ist das gleiche: Ihr Gesprächspartner spürt den Mangel
an Aufrichtigkeit, er wird auf Distanz gehen und auf Ihre Aussagen mit Zurückhaltung oder sogar Ablehnung reagieren. Ihre
Glaubwürdigkeit nimmt Schaden.

In privaten Situationen sind die Folgen vielleicht nicht so dramatisch – die besagte Freundin wird vermutlich nur etwas verärgert sein und sich entsprechend revanchieren. Doch spätestens
im beruflichen Umfeld können die Auswirkungen eines solchen
Vertrauens- und Glaubwürdigkeitsverlusts erheblichen Schaden
anrichten: Geplatzte Geschäftsbeziehungen, verärgerte Kunden,
missglückte Gehaltsverhandlungen oder demotivierende Mitar-
beitergespräche sind nur einige wenige Beispiele für derart ge-
scheiterte Gespräche. Ein authentischer Kommunikationsstil ist
daher unerlässlich für alle, die in Gesprächen fair zum Ziel kommen wollen. Ebenso wichtig ist es, sich offen und unvoreingenommen auf den Gesprächspartner einzulassen. Und dazu bedarf es
einer besonderen Fähigkeit: der Toleranz.

Wie tolerant sind Sie?

Etwas zu tolerieren bedeutet laut Fremdwörterbuch, etwas zu dulden, zuzulassen, gelten zu lassen, obwohl es nicht den eigenen Wertvorstellungen entspricht. Tolerante Menschen respektieren also zum Beispiel die Meinung anderer, auch wenn sie ihrer eigenen Meinung widerspricht. Sie erkennen an, dass ihr Gegenüber den gleichen Anspruch auf eine eigene Meinung und eigene Ansichten hat wie sie selbst und dass sich ihre eigenen Ansichten und die des Gegenübers gleichwertig gegenüberstehen. Dabei geht es längst nicht immer um die ganz großen Fragen der Welt, sondern meist um die alltäglichen Dinge im sozialen Miteinander. Toleriert eine Mutter den provokanten Kleidungsstil ihrer Tochter, obwohl sie ihn nicht mag? Toleriert ein Teenager, dass sich seine Eltern nicht für Facebook interessieren? Toleriert ein Unternehmer, dass sich sein Kunde für das günstigere Produkt entscheidet und nicht für das beste? Tolerieren Sie die Meinung Ihres Gesprächspartners, wenn seine Auffassung im absoluten Gegensatz zu Ihren eigenen Ansichten steht? – Führt man sich diese Beispiele vor Augen, wird schnell deutlich, dass ein funktionierendes Gespräch zwischen den jeweils Beteiligten nur möglich ist, wenn ein Mindestmaß an gegenseitiger Toleranz herrscht. Nur so können sich die Gesprächspartner aufeinander einlassen, sich unvoreingenommen begegnen und einander wirklich zuhören. Denn in der Toleranz zeigt sich die persönliche Wertschätzung, die wir unserem Gegenüber entgegenbringen. Nur wenn wir akzeptieren, dass seine Ansichten die gleiche Berechtigung haben wie unsere eigenen, betrachten wir ihn auch als gleichberechtigten Gesprächspartner. Ansonsten kann ein partnerschaftlich geführtes Gespräch gar nicht zustande kommen, geschweige denn zu einem guten Ergebnis führen.

> Ein Mindestmaß an gegenseitiger Toleranz ist die Grundvoraussetzung für ein partnerschaftliches Gespräch.

Toleranz darf nun jedoch nicht als Gleichgültigkeit gegenüber der Meinung anderer missverstanden werden. Toleranten Menschen sind die Ansichten ihrer Gesprächspartner keineswegs egal. Im Gegenteil: Sie akzeptieren sie als etwas, mit dem sie sich inhaltlich auseinandersetzen wollen. Sie gehen nicht einfach über die Meinung anderer hinweg und tun so, als wären sie nicht weiter von Bedeutung. Das hätte nichts mit Toleranz zu tun.

Auch wenn Toleranz vielleicht recht einfach zu beschreiben ist, ist es doch weit weniger einfach, sich im Alltag auch tatsächlich tolerant zu verhalten. Denn unser Denken wird nicht selten – und oft, ohne dass wir es wissen oder wollen – von Vorurteilen, Klischees und Vorverurteilungen beeinflusst. Nur die wenigsten Menschen können sich davon völlig frei machen. Denn viele Ressentiments oder Klischeevorstellungen werden uns bereits während unserer Erziehung vermittelt, also schon während unserer Kindheit. Diese Vorstellungen verfestigen sich dann und beeinflussen unsere Wahrnehmung bis ins Erwachsenenalter hinein. So nehmen wir Umstände, die unsere Klischeevorstellungen bestätigen, zum Beispiel häufig stärker wahr als die, die das entsprechende Klischee entkräften würden. An den aufgemotzten Sportwagen, der auf der Autobahn hinter uns mit Lichthupe gedrängelt hat und das Klischee vom rüpelhaften Sportwagenfahrer eins zu eins bestätigt, können wir uns beispielsweise sehr deutlich erinnern. Die fünf aufgemotzten Sportwagen, die nicht gedrängelt haben und rücksichtsvoll und defensiv gefahren wurden, sind uns hingegen nicht aufgefallen und deshalb aus unserer Erinnerung verschwunden. Sie können unsere Klischeevorstellungen also auch nicht korrigieren. So erhalten wir das Klischee aufrecht, bloß weil wir die Gegenbeispiele nicht wahrnehmen. Hinzu kommt, dass uns viele unserer eigenen Ressentiments häufig gar nicht klar bewusst sind. Sie wirken im Unterbewussten und prägen unser Denken und Wahrnehmen, ohne dass wir es wissen. Wir müssten uns also aktiv darum bemühen, unsere eigenen Vorurteile aufzu-

Vorurteile und Klischeevorstellungen sind häufig fest in unserem Unterbewusstsein verankert.

spüren, zu hinterfragen und zu korrigieren. Dass das im Alltag oft
zu kurz kommt, ist keine große Überraschung.

Gleichzeitig benutzen wir Klischees und Vorurteile auch als eine
Art Schutzschild gegenüber dem anderen, dem Fremden. Denn
wenn wir uns für das andere, das Fremde öffnen, müssen wir unter Umständen unsere bisherigen Ansichten hinterfragen und auf
die Probe stellen. Das führt zu Verunsicherungen über die eigene
Meinung und über das eigene Verhalten. Und Verunsicherungen
versuchen wir möglichst zu vermeiden. Mit den festen Vorstellungen vom Leben anderer, also mit Klischees und Vorurteilen,
stabilisieren wir auch die Vorstellung von unserem eigenen Leben
und brauchen diese nicht infrage zu stellen. Das wiederum gibt
uns das Gefühl von Sicherheit und Orientierung. In Wirklichkeit
schränkt es aber unsere Sicht auf die Welt, das Leben und andere
Menschen ein. So bewahrt uns die Intoleranz zwar vor fremden
Einflüssen und Verunsicherungen, sie verhindert jedoch, dass wir
die vielfältigen Möglichkeiten des Lebens entdecken.

Toleranzfähigkeit ist deshalb sehr eng mit dem eigenen Selbstwertgefühl verbunden. Wer über ein ausgeprägtes Selbstbewusstsein
verfügt und sein Leben aktiv und selbstbestimmt führt, dem fällt
es deutlich leichter, tolerant gegenüber abweichenden Ansichten
zu sein, weil sein eigenes Lebenskonzept durch ein paar Verunsicherungen nicht gleich ins Wanken gerät. Auf Basis eines gesun-
den Selbstwertgefühls ist es einfacher, sich unvoreingenommen
mit dem anderen oder dem Unbekannten auseinanderzusetzen
und auch gegenteilige Auffassungen als gleichberechtigt zuzulassen. Das Fremde ist dann eher eine Bereicherung des eigenen Lebens und weniger eine Bedrohung. Es eröffnet neue Perspektiven
und ungeahnte Möglichkeiten.

Deshalb gehört die Toleranzfähigkeit auch unbedingt zu einer
guten Gesprächsführung und ist Voraussetzung für gelingende
Gespräche. Sie ermöglicht eine Gesprächsführung von besonderer
Qualität. Mit einer toleranten Einstellung entwickeln sich Gesprä-

che, in denen ein echter partnerschaftlicher und ergebnisoffener Austausch stattfinden kann. Die Beteiligten sind offen für die Anregungen des jeweils anderen, lassen sich auf neue Gedankengänge ein und verfolgen gemeinsam das Ziel, ein gutes und für beide Seiten zufriedenstellendes Gesprächsergebnis zu erzielen.

1.2 Verstehen, um verstanden zu werden

Das Bisherige macht eines deutlich: In Gesprächen geht es um mehr als nur um die besprochenen Inhalte, um mehr als die sachlichen Informationen. Auch die Emotionen der Beteiligten, die Wirkung und der persönliche Eindruck vom Gegenüber sowie die Beziehung der Gesprächspartner zueinander spielen eine große Rolle. Etwas theoretischer ausgedrückt: Kommunikation erfolgt immer auf zwei Ebenen, auf der Sach- und auf der Beziehungsebene. Es ist wichtig, sich dessen bewusst zu sein, denn gerade auf der Beziehungsebene erfolgt der Informationsaustausch nicht selten unbewusst. So kann die einander zugewandte Körperhaltung der Gesprächspartner zum Beispiel gegenseitiges Interesse und beiderseitige Sympathie vermitteln, ohne dass die Beteiligten sich dessen bewusst sind. Dennoch wird das Gespräch dadurch positiv beeinflusst: Die Gesprächspartner fühlen sich verstanden, gehen aufeinander ein, hören sich zu und begegnen den Vorschlägen des anderen unvoreingenommen. Sie werden sicher ein befriedigendes Gesprächsergebnis erzielen. Wenn ein Gesprächspartner den anderen jedoch kaum zu Wort kommen lässt, wird dieser schnell das Gefühl haben, dass seine eigenen Ansichten für dieses Gespräch nicht von Bedeutung sind, und dem weiteren Gesprächsverlauf argwöhnisch folgen oder gleich auf Konfrontationskurs gehen. Sein Gesprächspartner wird ihm sicher nicht besonders sympathisch und vertrauenswürdig vorkommen, sodass er auch den sachlichen Aussagen vermutlich mit Misstrauen begegnet wird. So beeinflussen Sie im Gespräch die Beziehungsebene positiv:

- Betrachten Sie Ihr Gegenüber nicht als Gegner, sondern als gleichwertigen Partner – auch (und gerade) in kontroversen Auseinandersetzungen.
- Sie haben ein Recht auf Ihre Meinung – für Ihren Gesprächspartner gilt allerdings das Gleiche!
- Versuchen Sie zuerst, Ihren Gesprächspartner zu verstehen, bevor Sie selbst verstanden werden wollen. Lassen Sie sich auf den Gesprächspartner ein, akzeptieren Sie seine Perspektive. Hören Sie ihm aufmerksam zu. Glauben Sie nicht, ohnehin schon alles zu wissen. Gehen Sie auf Ihr Gegenüber ein, und versuchen Sie herauszufinden, was Ihr Gesprächspartner wirklich meint, was seine Intentionen sind. Das hilft Ihnen auch, Ihre eigene Argumentation wirkungsvoll anzupassen.
- Geben Sie Ihrem Gesprächspartner das Gefühl, verstanden zu werden (jedoch nur, wenn Sie ihn auch tatsächlich verstehen). Damit wächst die Wahrscheinlichkeit, dass auch Sie verstanden werden.
- Reden Sie nicht über starre Positionen, sondern über die Interessen der Beteiligten, denn selbst bei völlig gegensätzlichen Positionen lassen sich meist noch einige gemeinsame Interessen finden. (Zum Beispiel haben in einer Auseinandersetzung oder Verhandlung in der Regel beide Seiten ein – gemeinsames – Interesse daran, zu einem tragfähigen Ergebnis zu kommen.)
- Verzichten Sie auf Beschönigungen und auf Dramatisierungen. Beides schränkt Ihre Glaubwürdigkeit ein und verhindert gegenseitiges Vertrauen.
- Lassen Sie den anderen immer ausreden (wenn Sie es nicht gerade mit einem Dauerredner zu tun haben), und gönnen Sie Ihrem Gesprächspartner auch kleine Pausen, damit er seine Gedanken formulieren kann.
- Fragen Sie immer nach, wenn Sie etwas nicht verstanden haben – auch wenn Sie sich nur nicht ganz sicher sind, das Gesagte korrekt verstanden zu haben. Mit Nachfragen geben Sie sich keine Blöße. Das Gegenteil ist der Fall, gerade mit Nachfragen zeigen Sie Interesse an der Meinung des anderen.

- Verzichten Sie auf rhetorische oder manipulative „Tricks", insbesondere auch gegenüber weniger redegewandten Gesprächspartnern.
- Stellen Sie sich sprachlich auf Ihren Gesprächspartner ein. Vermeiden Sie allzu elitäre und übertrieben geschraubte Ausdrucksweisen und Fachausdrücke, von denen Sie nicht sicher sind, dass Ihr Gesprächspartner sie kennt.
- Nutzen Sie mehr Ich-Botschaften und weniger Du-Botschaften, um Konflikte zu vermeiden, sagen Sie also statt „Was Sie sagen, stimmt nicht" lieber „Ich habe andere Informationen".
- Wenn sich die Gesprächssituation emotional zu sehr auflädt und keinerlei Konsens in Sicht ist, kann es durchaus richtig sein, das Gespräch abzubrechen und zu vertagen. So können sich beide Seiten beruhigen und die eigenen Positionen und auch die des anderen überdenken.
- Scheuen Sie sich nicht, Gefühle zu zeigen. Gefühle gehören zu einem authentischen Kommunikationsstil dazu. Außerdem wirkt nichts überzeugender als ein Mensch, der neben dem Verstand auch mit dem Herzen bei der Sache ist.

Unerlässlich für eine gute Beziehung zum Gesprächspartner ist ein gutes Einfühlungsvermögen. Denn wer über Empathie verfügt, ist in der Lage, sich in die Gefühle und Ansichten anderer Menschen hineinzudenken und sie besser zu verstehen.

Zeigen Sie Einfühlungsvermögen!

Damit Sie sich wirklich in Ihren Gesprächspartner einfühlen können, ist es erforderlich, dass Sie sich selbst und Ihre eigenen Ansichten und Gefühle erst einmal zurücknehmen. Zunächst geht es also nicht um Sie oder um das, was Sie denken, sondern nur um Ihren Gesprächspartner und um das, was er denkt. Sich uneingeschränkt auf die Perspektive des anderen einzulassen ist nicht ganz einfach, denn normalerweise verspüren wir – durchaus in guter Absicht – sehr schnell den Impuls, in irgendeiner Weise auf den anderen zu reagieren, in Situationen einzugreifen oder zu helfen. Gerade die Gespräche, die besonders viel Empathie erfordern, sind die Gespräche, in denen es um Probleme, Schwierigkeiten oder Missstände geht. Doch anstatt hier erst einmal genau zu ergründen, wie der Gesprächspartner die Situation überhaupt erlebt, wollen wir häufig sofort nach einer Lösung suchen. So haben wir dann (vor-)schnell einen guten Ratschlag parat oder versuchen zu trösten oder zu beschwichtigen. Wir wollen etwas tun, eine Lösung herbeiführen, das Problem „in den Griff" bekommen. – Mit Empathie hat das leider wenig zu tun. Denn bei Empathie geht es vor allem darum, Verständnis zu zeigen, zuzuhören und das Gegenüber zu verstehen.

Mit Empathie zeigen Sie insbesondere in schwierigen Situationen oder Gesprächen, dass Sie die Sache selbst richtig verstehen wollen. Außerdem erkennen Sie an, dass es sich tatsächlich um eine schwierige Situation handelt, die nicht ohne Weiteres, nur mit ein paar gut gemeinten Ratschlägen, aus der Welt zu schaffen ist. – Diese gut gemeinten Ratschläge führen nämlich oft dazu, dass der Betroffene das Gefühl hat, seine Probleme würden verharmlost und ihm werde unterschwellig der Vorwurf gemacht, dass er doch selbst schon längst auf die Lösung hätte kommen können. Er fühlt sich und seine Probleme dann nicht ernst genommen. So kann der unbedachte Versuch, jemandem zu helfen, schnell zu Verstimmungen führen, die mit Zurückhaltung und Einfühlungsvermögen vermieden werden könnten.

Doch Empathie ist nicht nur für schwierige Gespräche wichtig. In jedem Gespräch ist es hilfreich, wenn beide Seiten in der Lage und bereit sind, die Ansichten, Interessen, Gefühle, Umstände etc. des jeweils anderen erst einmal zutreffend zu erfassen und zu verstehen. Das erleichtert die Verständigung, beugt Missverständnissen und Konflikten vor und zeugt von gegenseitiger Wertschätzung und Anerkennung.

Um ein Gespräch mit Empathie führen zu können, ist es wichtig, dem Gesprächspartner richtig zuzuhören. Das ist jedoch leichter gesagt als getan, denn beim Zuhören stehen wir uns nicht selten selbst im Wege. Oft sind wir, während der andere noch spricht, schon bei der Formulierung der Antwort oder unterbrechen den anderen, weil wir schon zu wissen meinen, was er uns sagen will. Oder wir sind sogar gedanklich schon bei unserem nächsten Tagesordnungspunkt und überlegen, wie wir mit dem Taxi am besten zu unserer nächsten Verabredung kommen, anstatt richtig hinzuhören. So banal es zunächst vielleicht klingen mag, das richtige Zuhören ist alles andere als eine Selbstverständlichkeit, denn es bedeutet eben nicht, einfach nur den Mund zu halten und den anderen sprechen zu lassen. Zuhören ist viel mehr.

Aktives Zuhören

Der Begriff des „aktiven Zuhörens" beschreibt dieses Mehr. Das aktive Zuhören reagiert auf den Umstand, dass wir weitaus schneller denken, als wir reden können, und unser Gehirn deshalb beim Zuhören nicht ausgelastet ist. Deshalb entfernen sich unsere Gedanken häufig nach und nach immer weiter vom Gesprächsinhalt und gehen ihren ganz eigenen Weg, anstatt dem Gespräch aufmerksam zu folgen. Für eine erfolgreiche Gesprächsführung ist es selbstverständlich keine gute Grundlage, wenn wir nicht richtig erfassen, was unser Gegenüber überhaupt gesagt und gemeint hat. (Ganz unabhängig davon, dass wir als unaufmerksamer Zuhörer schnell unsympathisch wirken und unserem Gegenüber das Gefühl geben, dass wir uns für seine Ausführungen nicht besonders interessieren.)

> Signalisieren Sie Ihrem Gesprächspartner, dass Sie ihn und sein Anliegen wirklich verstehen wollen.

Um diesem Umstand entgegenzuwirken, ist es erforderlich, dass Sie zuallererst aufmerksam und konzentriert zuhören und sich

Ihrem Gegenüber tatsächlich zuwenden. Gleichzeitig ist es wichtig, dem Gesprächspartner auch zu signalisieren, dass Sie ihn verstehen wollen und schließlich auch verstehen werden. Das aktive Zuhören ist eine gute Methode, um dies zu erreichen. Es garantiert einerseits, dass Sie wirklich zuhören und das Gehörte verstehen, andererseits vermittelt es Ihrem Gesprächspartner deutliche Zugewandtheit.

Mit dem Begriff „aktives Zuhören" wird deutlich, dass der Zuhörende dafür selbst etwas tun, aktiv werden muss. Der amerikanische Psychologe Carl R. Rogers entwickelte spezielle Kommunikationstechniken, die beschreiben, was aktives Zuhören ausmacht:

- **Paraphrasieren:** Hier wird Gehörtes mit eigenen Worten wiedergegeben. Damit stellen Sie sicher, den Inhalt des Gesagten auch richtig verstanden zu haben.
- **Verbalisieren:** Hierbei umschreibt der Zuhörer nicht das, was sein Gegenüber wörtlich gesagt hat, sondern das, was „zwischen den Zeilen" kommuniziert wurde. So können zum Beispiel Gefühle, Erwartungen oder auch Unterstellungen verbalisiert werden, die im Gespräch unausgesprochen mitschwingen. Das erfolgreiche Verbalisieren ermöglicht ein sehr tiefes Verständnis zwischen den Gesprächspartnern, das dem Gespräch eine besonders hohe Qualität verleiht und die Beziehungsebene nachhaltig stärkt. Darüber hinaus können auf diese Weise etwaige verdeckte Kommunikationsstörungen und Missverständnisse erkannt und behoben werden.
- **Nachfragen / Fortführen:** Durch aktives Nachfragen und Fortführen des Gedankens helfen Sie dem Sprechenden, sich auszudrücken (zum Beispiel: „Wie hat er reagiert, nachdem du ihm das gesagt hattest?").
- **Zusammenfassen:** Eine Zusammenfassung der wichtigsten Inhalte des Gesprächs stellt sicher, dass beide Gesprächspartner auf dem gleichen Informationsstand sind.
- **Klarheit:** Damit sicher ist, dass beide Seiten auch tatsächlich das Gleiche meinen, wenn sie vom Gleichen sprechen, ist es

wichtig, mögliche Missverständnisse gemeinsam zu klären.

Zögern Sie also nicht, Begriffe oder Sachverhalte, die Sie möglicherweise nicht richtig oder anders als Ihr Gesprächspartner verstanden haben, durch Nachfragen zu klären.

■ **Abwägen:** Oft kommen mehrere Dinge auf einmal zur Sprache, die Ihren Gesprächspartner bewegen. Helfen Sie ihm dabei, abzuwägen, welcher Punkt die größere Bedeutung für ihn hat, indem Sie zum Beispiel fragen: „Was beschäftigt dich mehr: dass du nicht gefragt wurdest oder dass die gesamte Entscheidung deiner Meinung nach falsch ist?"

Mit der Methode des aktiven Zuhörens erzielen Sie zwei entscheidende Effekte: Zum einen verstehen Sie Ihren Gesprächspartner besser, zum anderen zeigen Sie ihm gleichzeitig, dass Sie ihm aufmerksam und mit Interesse zuhören und dass Sie ihn tatsächlich verstehen. Das wirkt sich äußerst positiv auf die gesamte Gesprächssituation aus, denn Ihr Gegenüber weiß aufgrund Ihrer Äußerungen genau, wie das Gesagte bei Ihnen angekommen ist, und kann dementsprechend reagieren. Außerdem stärkt das aktive Zuhören die Beziehung zwischen den Gesprächspartnern, weil es echtes Interesse ausdrückt.

1.3 Charismatische Menschen führen gelingende Gespräche

Die eigene Persönlichkeit, ein hohes Maß an Authentizität, die innere Einstellung und die Beziehung zum Gesprächspartner sind also bedeutende Wirkungsfaktoren für erfolgreiche Kommunikation. Kommunikation und Persönlichkeit stehen dabei in einer Wechselbeziehung: Positive Veränderungen auf der einen Seite bewirken positive Veränderungen auf der anderen Seite. Wer seine Kommunikationsfähigkeit und seinen Kommunikationsstil verbessert, stärkt somit seine eigene Persönlichkeit. Und wer seine Persönlichkeit weiterentwickelt, wird auch seine kommunikativen Fähigkeiten weiter ausbauen.

Besonders deutlich wird dieser enge Zusammenhang zwischen Persönlichkeit und Kommunikation, wenn man sich das Phänomen Charisma etwas genauer anschaut: Eine charismatische Persönlichkeit ohne ausgeprägte kommunikative Fähigkeiten ist einfach undenkbar. Doch was ist Charisma genau? – Charismatische Menschen …

- … wirken selbstbewusst und souverän.
- … haben ein ausgeprägtes Selbstwertgefühl.
- … treten zielstrebig auf.
- … strahlen Sicherheit und Zuverlässigkeit aus.
- … verfügen über eine starke Persönlichkeit.
- … überzeugen und schaffen Vertrauen.
- … können sich in andere Menschen hineinversetzen.
- … vermitteln positive Gefühle.
- … haben Visionen und begeistern andere Menschen von ihren Visionen und Zielen.
- … übernehmen Verantwortung.
- … sind kompetent.
- … sind neugierig und lernen gern.
- … glauben an ihre Fähigkeiten und Ziele.
- … durchbrechen ihre Grenzen.
- … stellen sich Herausforderungen.
- … bringen anderen Menschen und ihren Ansichten Wertschätzung und Respekt entgegen.
- … wenden sich offen, tolerant und mit echtem Interesse ihren Mitmenschen zu.
- … stehen zu ihren Gefühlen.
- … übernehmen Verantwortung für ihre Entscheidungen und Handlungen.
- … sind authentisch und integer.
- … folgen ihren inneren Überzeugungen und Wertvorstellungen.
- … sind voller Begeisterung und übertragen ihre Begeisterung auf andere.
- … handeln entschlossen.

- … konzentrieren sich auf das Wesentliche.
- … bewegen, überzeugen und inspirieren andere Menschen.
- … realisieren ihre Ideen.
- … sind offen für Veränderungen.
- … streben nach innerer Freiheit.
- … sind sich ihrer körperlichen Wirkung bewusst.
- … nutzen ihre Körpersprache.
- … stehen zu Fehlern.
- … heben sich von der Masse ab.

Unbestritten gilt Charisma als positiver Ausdruck einer starken und souveränen Persönlichkeit – und die Kommunikation hat einen wesentlichen Anteil an der charismatischen Ausstrahlung einer Person. Aufgrund ihrer souveränen Persönlichkeit und ihrer positiven Einstellung zu sich selbst und zu anderen sind Charismatiker in der Lage, Gespräche authentisch und einfühlsam sowie gleichzeitig überzeugend und durchsetzungsstark zu führen – sie verstehen, wo die Interessen, Probleme, Wünsche und Erwartungen des anderen liegen, und können auch aktuelle Stimmungen interpretieren. Diese Fähigkeit ist eine wichtige Grundlage für eine überzeugende Argumentation und eine gute Gesprächsführung. Denn gute Argumente, die einen Gesprächspartner überzeugen, berücksichtigen immer die Lebenswirklichkeit des anderen. Das richtige Zuhören ist, wie bereits beschrieben, dafür unverzichtbar.

Das aufmerksame Zuhören hat noch einen weiteren positiven Effekt: Gute Zuhörer wirken sympathisch und geben dem Gesprächspartner das Gefühl, dass seine Ausführungen auf Interesse stoßen. Und natürlich wünscht sich jeder Mensch, beim anderen Interesse für die eigene Person zu wecken. Auch deshalb sind charismatische Menschen gefragte Gesprächspartner: Sie sind nicht nur auf sich selbst fixiert, sondern interessieren sich aufrichtig für die Meinung und die Person des anderen.

Das bedeutet nun jedoch keineswegs, dass nur charismatische Menschen mit fairer Kommunikation zum Ziel kommen können.

Allerdings sind sie ein gutes „Anschauungsobjekt", wenn es darum geht, da sie in Gesprächen scheinbar mühelos das Richtige tun. Man kann also eine ganze Menge von ihnen lernen. Gleichzeitig fördert jeder, der seinen Kommunikationsstil verbessert, auch seine eigene charismatische Ausstrahlung.

Von charismatischen Menschen können wir außerdem etwas anderes Wichtiges lernen, das für die Verbesserung der eigenen kommunikativen Fähigkeiten von großer Bedeutung ist: die Bereitschaft, Veränderungen einzuleiten und umzusetzen.

Sind Sie bereit für echte Veränderungen?

Wer einen herausragenden Kommunikationsstil erreichen will, muss sich und seine Fähigkeiten weiterentwickeln. Diese Einsicht allein genügt jedoch nicht, um wirklich etwas zu erreichen. Es kommt darauf an, die notwendige Entwicklung tatsächlich anzustoßen und zielstrebig umzusetzen. Das ist häufig mit tief greifenden Veränderungen verbunden, womit die Schwierigkeiten bereits beginnen. Denn Veränderungen verunsichern viele Menschen, weshalb sie lieber an Bewährtem festhalten. Das Bewährte gibt uns nämlich ein Gefühl von Sicherheit. Eingespielte Abläufe und Verhaltensweisen geben uns Orientierung, Routinen erleichtern uns den Alltag, und bewährte Verhaltensmuster bewahren uns vor unangenehmen Überraschungen. Das alles empfinden wir als positiv, weshalb wir uns nur ungern davon trennen wollen. Aus diesem Grund fällt es uns häufig schwer, Vorhaben, die eine mehr oder weniger tief greifende Veränderung bedeuten würden, wirklich in Gang zu setzen. Das beginnt schon bei weniger weltbewegenden Vorhaben wie dem Entschluss, die eigene Freizeit sinnvoller zu nutzen und mehr ins Theater zu gehen und gute Bücher zu lesen, anstatt im Internet zu

> Zur Gewohnheit gewordene Verhaltensmuster erleichtern uns den Alltag – erschweren uns jedoch Veränderungen.

surfen oder im Fernsehen einer Daily Soap zu folgen. Schon hierbei werden wir recht viel Energie aufbringen müssen, um unseren eingespielten Tagesablauf aufzubrechen und in der Zeit, die wir üblicherweise vor dem Bildschirm verbringen, etwas Sinnvolleres zu tun. Noch größer werden die Herausforderungen, wenn die gewünschten Veränderungen unsere Persönlichkeit betreffen. Wenn Sie sich zum Beispiel dazu entschließen, künftig gegenüber Kollegen und Vorgesetzten Ihre eigenen beruflichen Leistungen deutlicher hervorzuheben und nicht mehr durch falsche Bescheidenheit zu glänzen, stehen Sie vor der schwierigen Aufgabe, Ihre gewohnten Verhaltensmuster zu durchbrechen und dabei auch noch über Ihren Schatten zu springen. Zuvor müssen Sie jedoch erst einmal erkennen, wann und wie diese Verhaltensmuster greifen, die Sie bisher daran gehindert haben, sich offensiv zu präsentieren, und aus welchem Grund Sie diese Verhaltensweisen entwickelt haben. Dann gilt es, sich in den entsprechenden Situationen jedes Mal aufs Neue ganz bewusst anders zu verhalten als üblich, um so die alten Verhaltensmuster zu überwinden. Das ist kräftezehrend und erfordert Ausdauer und Selbstdisziplin.

Der Wunsch, den eigenen Kommunikationsstil nachhaltig zu verbessern, erfordert nun ebenfalls eine solche Weiterentwicklung der eigenen Persönlichkeit. Und auch hier ist es keine einfache Aufgabe, sich von manifestierten Eigenschaften, Verhaltens- und Denkweisen wieder zu lösen und Alternativen in Betracht zu ziehen. Diese Aufgabe zu bewältigen erfordert Engagement, Selbsterkenntnis, Ausdauer und Veränderungsbereitschaft. Es ist notwendig, ganz gezielt und aktiv einen langfristigen Prozess der Veränderung einzuleiten, immer in dem Bewusstsein, dass sich wesentliche Veränderungen nicht mal eben nebenbei einstellen. Wer diese Herausforderung annimmt, muss bereit sein, das eigene Denken und Verhalten intensiv und immer wieder zu hinterfragen, sich für Neues zu öffnen, Unbekanntes auszuprobieren, auch unangenehme Einsichten über die eigene Persönlichkeit zu akzeptieren und kontinuierlich an sich selbst zu arbeiten.

1.4 Wer Schwäche zeigt, schadet doch nur sich selbst!

In Gesprächen stets authentisch und aufrichtig zu sein ist natürlich ein guter Vorsatz. Doch wenn man dadurch eigene Schwächen oder Fehler offenbart, dann schadet man doch nur sich selbst. In diesen Fällen wäre es doch sicher besser, diese Fehler oder Unzulänglichkeiten zu überspielen, sodass man insgesamt einen positiven Eindruck hinterlässt.

Die Befürchtung, dass man in einem Gespräch einen ungünstigen Eindruck hinterlässt, wenn man eigene Schwächen oder Fehler offen zeigt, liegt durchaus nahe, ist jedoch absolut unbegründet. Der jeweilige Eindruck entsteht nämlich in der Regel nicht durch den Fehler oder die persönliche Schwachstelle selbst, sondern durch die Art und Weise, wie Sie damit umgehen. Wer offen zu seinen Fehlern steht, die Verantwortung dafür übernimmt und bereit ist, die Folgen zu tragen, wird immer einen deutlich besseren Eindruck hinterlassen als derjenige, der versucht, Fehler zu vertuschen oder gar anderen die Schuld dafür zuzuschanzen.

Stellen Sie sich folgende Situation vor: Sie diskutieren mit Ihrem Kollegen lebhaft über die Vor- und Nachteile einer neuen Software, wobei Sie fest davon überzeugt sind, dass diese Software massive Nachteile mit sich bringt. Im Verlauf der Diskussion dämmert Ihnen jedoch allmählich, dass Sie vermutlich einen grundlegenden Fehler in der Anwendung der Software gemacht haben, der Ihre Probleme mit dem Programm erklären würde. Sie müssen also davon ausgehen, dass Ihr Kollege recht hat. – Macht es nun einen guten Eindruck auf Ihren Kollegen, wenn Sie weiterhin nachdrücklich darauf beharren, dass diese Software schlecht ist, sodass Ihre Diskussion schließlich in einem unversöhnlichen Streit endet? Oder ist es vorteilhafter, wenn Sie

> Wer versucht, eigene Schwächen zu leugnen oder zu überspielen, schadet sich selbst und dem Gesprächsverlauf.

Ihren Irrtum zugeben, sich die richtige Anwendung der Software noch einmal kurz zeigen lassen und die Diskussion dann auf einer reellen Grundlage weiterführen können? – Die Antwort dürfte klar sein.

Jeder Mensch macht Fehler, jeder Mensch irrt sich hin und wieder, und jeder Mensch hat Schwächen, denn niemand ist perfekt. Und da das jedem Menschen so geht, dürfen Sie ruhig davon ausgehen, dass auch niemand von Ihnen erwartet, dass Sie vollkommen fehlerfrei und immer in Topform durchs Leben gehen. Was die Menschen jedoch erwarten können, ist ein verantwortungsvoller und offener Umgang mit Ihren Fehlern (der im Übrigen auch von Selbstsicherheit und Souveränität zeugt).

Diese Einsicht wäre das erste Gegenargument zum oben genannten Einwand. Darüber hinaus dürfen Sie jedoch auch nicht unterschätzen, dass fehlende Authentizität äußerst negativ wirkt, womit wir beim zweiten Gegenargument wären.

Wer in Gesprächen versucht, eine ihm fremde Rolle zu spielen, wird niemals so souverän, glaubwürdig und überzeugend auftreten können wie jemand, der einfach er selbst ist und gemäß seinen tatsächlichen Ansichten und Überzeugungen agiert. Menschen haben ein gutes Gespür dafür, ob ihnen jemand etwas vormachen will oder nicht. Schnell stellt sich Misstrauen ein, wenn der Eindruck entsteht, der Gesprächspartner meine vielleicht etwas ganz anderes als das, was er sagt. Solche Unstimmigkeiten erleben wir häufig sehr subtil und diffus, können sie oft gar nicht genau benennen, denn die Wahrnehmung findet nicht selten unbewusst statt. Es sind kleine Irritationen in der Körpersprache, unbedeutend erscheinende Widersprüchlichkeiten in den Aussagen, ein unterbrochener Blickkontakt, vom Gegenüber nicht gestellte Fragen, schwache Argumente und ähnliche vermeintliche Kleinigkeiten, die den Eindruck eines glaubwürdigen Gesprächspartners stören. – Wenn jedoch einer der Gesprächspartner nicht mehr glaubwürdig erscheint, werden die Chancen auf ein erfolgreiches

Gespräch deutlich geschmälert, da Skepsis und Misstrauen entstehen. Diese Skepsis richtet sich dann sowohl gegen die sachlichen Inhalte des Gesprächs als auch gegen den Gesprächspartner selbst. Im schlimmsten Fall werden seine persönliche Integrität und Vertrauenswürdigkeit in Zweifel gezogen, was die Reputation beschädigen und – vor allem im beruflichen Kontext – schwerwiegende Folgen haben kann.

Angesichts dessen kann es keine gute Idee sein, seinem Gesprächspartner etwas vorzumachen, bloß um ein paar persönliche Schwächen zu überspielen. Das Risiko, dadurch an Vertrauenswürdigkeit und Ansehen zu verlieren und Gesprächserfolge langfristig zu verhindern, ist zu groß. Es ist immer ratsamer, die (meist überschaubaren) Folgen eines zugegebenen Fehlers oder kleinen Mankos in Kauf zu nehmen und auszubügeln, als die eigene Glaubwürdigkeit aufs Spiel zu setzen.

2. | Dialektik – die Kunst, im Gespräch zu überzeugen

Gespräche werden in der Regel nicht um ihrer selbst willen geführt, sondern dienen einem bestimmten Zweck. Der grundlegende Zweck ist wie gesagt die gegenseitige Verständigung der Gesprächspartner. Das bedeutet jedoch nicht nur, dass man einander von bestimmten Tatsachen erzählt, bis der andere diese verstanden hat, sondern dass man in einen Meinungsaustausch oder eine Auseinandersetzung tritt und die Beteiligten versuchen, den jeweils anderen von ihrer eigenen Meinung zu überzeugen.

Die Fähigkeit, andere Menschen im Gespräch zu überzeugen, wird Dialektik genannt. Dialektik ist die Kunst, ein geregeltes (Streit-)Gespräch aus Rede und Gegenrede – oder eine wissenschaftliche Auseinandersetzung mit These und Gegenthese – zu führen, das der Erkundung der Wahrheit dient und zu einem schlüssigen Ergebnis gelangt, womit die anfänglichen Meinungsverschiedenheiten aufgelöst werden.

Dialektik, wie ich sie verstehe, hat immer zum Ziel, den Gesprächspartner mit den besseren Argumenten (und auch mit den besseren kommunikativen Mitteln) zu überzeugen. Sie hat niemals zum Ziel, den anderen zu überreden, verbal auszutricksen, zu überrumpeln, zu manipulieren, zum Verlierer zu machen. Es geht also immer um faire Dialektik.

2.1 Mit fairer Dialektik gemeinsam zum Gesprächserfolg

Von der Antike bis ins Mittelalter galt die Dialektik als ein unverzichtbares Fachgebiet jeder höheren Erziehung und Bildung. In unserer modernen Welt wird diese alte Kunst jedoch häufig vernachlässigt oder sie wird verfremdet genutzt, um in Gesprächen den „Gegner" mit unfairen Mitteln in die Enge zu treiben und verbal mattzusetzen. Wirft man einen Blick auf einige der unzähligen aktuellen verbalen Auseinandersetzungen in der (medialen) Öffentlichkeit, wünscht man sich häufig, dass jeder, der an öffentlichen Gesprächsrunden teilnimmt, in den Genuss einer dialektischen Grundausbildung gekommen wäre. Denn von fairer Dialektik ist hier oft weit und breit keine Spur.

Dabei haben kommunikative Fähigkeiten und speziell auch die Dialektik in unserer Gesellschaft, in der Kommunikation eine Schlüsselposition einnimmt, wieder eine sehr große Bedeutung – oder sollten es zumindest haben. Denn immer und überall werden ergebnislose, unbefriedigende und destruktive Gespräche oder Auseinandersetzungen geführt, die die Meinungsverschiedenheiten zwischen den Beteiligten eher vergrößern, statt sie zu überwinden. Das kostet häufig unnötig Zeit (und nicht selten auch Nerven), weil solche Gespräche keine brauchbaren Ergebnisse bringen und deshalb überflüssig sind oder wiederholt werden müssen. Außerdem sind diese Gespräche für alle Beteiligten frustrierend und belasten die Beziehungsebene schwer, was wiederum zukünftige Gespräche belastet und es dann deutlich schwieriger macht, tragfähige Ergebnisse zu erzielen. Die allgegenwärtigen Talkrunden in Funk und Fernsehen, ganz gleich, ob zwischen hochrangigen Politikern oder streitenden Nachbarn, sind und bleiben anschaulichstes Beispiel dafür. Inzwischen ist es kaum noch vorstellbar, dass diese öffentlichen Gesprächsrunden mit einer Art Verständigung oder einem Kompromiss enden könnten. Stattdessen wird vom Publikum beinahe erwartet, dass die Gesprächspartner – oder

besser: die Kontrahenten – bis zum bitteren Ende ihre Positions-
kämpfe ausfechten, bis entweder einer geschlagen das Feld räumt
oder der „Kampf" ergebnislos abgebrochen wird. Das Gespräch
wird so jedoch zum Spektakel und verliert seinen Sinn. Und
wenn wir ehrlich sind, kennen wir ähnlich drastische Beispiele
oft auch aus unserem persönlichen Umfeld. Dabei wird dann intensiv um wahr oder falsch gestritten, doch dass eine erfolgreiche
Gesprächsführung konstruktiv verläuft und bestimmten Regeln
folgt, wird dabei gern ignoriert. Dabei sind die Grundgedanken
der Dialektik sehr einfach und einprägsam:

Die erste Regel formulierte Platon: „Verhalte Dich nicht egozent-
risch." Sie lässt sich mit dem simplen Gedanken der Wechselrede
konkretisieren: Die Beteiligten reden abwechselnd und hören einander zu. Aus dem gegenseitigen Zuhören ergibt sich eine zweite
Regel: Die Gesprächspartner geben ausdrücklich an, wann sie den
Ansichten der jeweils anderen Partei widersprechen. Tun sie dies
nicht, gilt dieses Unterlassen als Zustimmung. So wird vermieden, dass die Beteiligten aneinander vorbeireden.
Damit die Parteien einander dann überhaupt verstehen, gilt als dritte Regel: Die Gesprächspartner
drücken sich klar und eindeutig aus, um Missverständnisse möglichst zu vermeiden. Und die letzte Grundregel lässt sich von Aristoteles ableiten,
der sagte: „Analysiere und argumentiere logisch."
Sprich: Widersprüche in der eigenen Argumentation oder zu dem, womit man sich bereits einverstanden gezeigt hat, sind nicht zulässig. Wer diese vier einfachen
Spielregeln beherzigt, vermindert damit sofort die Gefahr uner-
freulicher und destruktiver Gesprächsverläufe.

> Wer die vier
> einfachen Grund-
> regeln der Dialekt
> beachtet, fördert
> einen konstruktiven
> Gesprächsverlauf.

Hier zeigt sich ganz deutlich, dass die Dialektik also keineswegs
dazu da ist, einfach nur die eigene Meinung möglichst verlustfrei
durchzusetzen. Zwar sind gegensätzliche oder zumindest unterschiedliche Meinungen in der Regel der Ausgangspunkt eines

„Streitgesprächs", doch Ziel ist es nicht, die Meinung des Gegenübers als falsch und die eigene als richtig darzustellen. Ziel eines Gesprächs bleibt vielmehr die konstruktive Verständigung über den Gegenstand der Meinungsverschiedenheit. Es gilt, einen Ausgleich der Meinungen herzustellen, einen Konsens zu erzielen, mit dem beide Parteien einverstanden sind.

Aus diesen Grundsätzen lässt sich eine Dialektik ableiten, die nicht auf den verbalen Sieg bloß um des Sieges willen abzielt, sondern stattdessen ganz und gar ausgerichtet ist auf die Verständigung der Gesprächspartner, die das Gespräch gemeinsam zum Erfolg, also zu einem sinnvollen Ergebnis, führen wollen. Und so sind auch die Mittel der Dialektik nicht in verbalen Finten, Spitzfindigkeiten, Vernebelungstaktiken oder Totschlagargumenten zu suchen, sondern in der Überzeugungskraft der persönlichen Argumentation, die sich einerseits aus den schlüssigen Inhalten speist und sich andererseits im guten Stil der Gesprächsführung entfaltet. Denn ein Streitgespräch ist keine Kampfansage, und die eigenen Argumente sind keine „Waffen", mit denen man den „Gegner" bezwingt. Argumente – und genauso die Gegenargumente! – sind vielmehr Stufen auf dem gemeinsamen Weg zum Gesprächsergebnis. Jedes überzeugende Argument ist ein weiterer Schritt Richtung Konsens und gegenseitige Verständigung.

Überzeugen – nicht überreden

Der Unterschied zwischen überreden und überzeugen besteht in erster Linie darin, ob wir einen Gesprächspartner als gleichberechtigten Partner betrachten oder eben nicht. Wenn wir die Absicht haben, jemanden zu bestimmten Handlungen oder Ansichten zu bewegen, gibt es zwei grundsätzlich verschiedene Herangehensweisen: Entscheiden wir uns dafür, jemand zu über*reden*, dann gehen wir davon aus, dass unsere eigenen Ansichten richtiger, zutreffender, wichtiger etc. sind und dass wir unsere Position deshalb ohne Abstriche durchsetzen wollen. Das legen wir fest, bevor wir uns die Position unseres Gesprächspartners überhaupt angehört haben; seine Ansichten und Interessen spielen dabei für uns keine Rolle und werden von vornherein als irrelevant eingestuft. Eine Auseinandersetzung damit ist also nicht vorgesehen, und die Ansichten des Gesprächspartners fließen in das Gespräch gar nicht erst mit ein. Das bedeutet: Wir haben – ohne lästiges Diskutieren – festgelegt, was die beste Lösung für uns und für ihn ist. Jetzt geht es nur noch darum, ihm dies klarzumachen.

Es ist unübersehbar, dass diese Herangehensweise auf die persönliche Wertschätzung des Gegenübers vollkommen verzichtet. Das kann eine bewusste Entscheidung sein oder auch unbewusst verlaufen. Diese Geringschätzung der Person und der Ansichten des Gesprächspartners führt dazu, dass er de facto kein Gesprächs*partner* mehr ist, denn von partnerschaftlicher Kommunikation kann hier keine Rede sein.

Das hat zwangsläufig schwerwiegende Folgen für den Verlauf und für den Erfolg dieses Gesprächs: Die Beziehungsebene zwischen den Beteiligten wird mit Sicherheit stark belastet werden, und eine sachliche Lösung wird kaum möglich oder zumindest nur von kurzer Dauer sein. Bereits während des Gesprächs wird derjenige, der überredet werden soll, mit hoher Wahrscheinlichkeit Widerstände dagegen entwickeln, da ihm keinerlei Einflussmöglichkeiten mehr auf das Gesprächsergebnis und auch keine Entscheidungsfreiheiten mehr zugestanden werden. Das erschwert eine Klärung auf der Sachebene natürlich ungemein. Derjenige, der zu einer Meinung überredet worden ist, wird außerdem diese Meinung im Nachhinein sicher schnell wieder überdenken, wenn ihm klar wird, dass seine eigenen Ansichten und Interessen einfach übergangen wurden. Damit stellt er das Gesprächsergebnis grundsätzlich wieder infrage, womit der Gesprächserfolg gleich null ist.

> Wird der Gesprächspartner überredet und nicht überzeugt, hat das Gesprächsergebnis häufig nicht lange Bestand.

Anders verhält es sich, wenn Sie stattdessen versuchen, Ihr Gegenüber tatsächlich zu über*zeugen.* Diese Herangehensweise ist nämlich von einer partnerschaftlichen und wertschätzenden Grundeinstellung geprägt, bei der sowohl die Person als auch die Meinung des Gegenübers als gleichwertig und -berechtigt betrachtet werden. Das Gespräch beginnt also ergebnisoffen. Sie vertreten hierbei Ihre Position mithilfe von Argumenten, anstatt die Position Ihres Gesprächspartners einfach zu negieren. Die Ansichten aller Beteiligten werden berücksichtigt und bei gegenseitiger Wertschätzung diskutiert. Auf diese Weise kommt ein Gesprächsergebnis zustande, das für beide Parteien zufriedenstellend und tragfähig ist, da sich alle Beteiligten einbringen konnten und ihre Entscheidungs- und Handlungsfreiheit nicht beschränkt wurde. Das ermöglicht eine echte Verständigung und wirkt sich positiv auf die Beziehungsebene aus.

> Wird ein Gesprächspartner wirklich überzeugt, ist das Gesprächsergebnis auch langfristig tragfähig.

Mit einer solchen Art der Gesprächsführung kommt man nicht nur schneller und besser zum Ziel, sie lässt zudem auf eine stilvolle und souveräne Persönlichkeit schließen, die es nicht nötig hat, ihren Gesprächspartner mundtot zu machen. Auch dieser Aspekt ist alles andere als nebensächlich, denn Gespräche, die auch in heiklen Situationen ein gewisses Niveau beibehalten, führen seltener zu Konflikten und sind daher zu Recht als konstruktiv zu bezeichnen.

Ein Gespräch, das stattdessen bloß dazu führt, dass der Gesprächspartner eingeschüchtert oder in die Ecke gedrängt seine Meinung aufgibt, ist in letzter Konsequenz ein unsinniges und vor allen Dingen überflüssiges Gespräch, denn in der Sache wird hier nichts geklärt. Und die Meinungsverschiedenheiten bleiben weiterhin bestehen oder werden sogar noch vertieft. Gerade langfristig gesehen bleibt ein solches Gespräch ohne echtes Ergebnis und führt in der Folge sogar häufig zu Konflikten oder Missverständnissen.

Deshalb ist es wichtig, die Qualität und Effektivität von Gesprächen und Kommunikation nicht aus dem Blick zu verlieren, was bei den schier grenzenlosen Kommunikationsmöglichkeiten unserer Zeit tatsächlich zu einer reellen Gefahr geworden ist. Die Grundsätze der Dialektik geben uns wertvolle Hinweise darauf, wie wir dieser Gefahr Einhalt gebieten können. Aufmerksamkeit, Fairness, Klarheit im Ausdruck, Authentizität und schlüssige Inhalte sind die Eckpfeiler einer überzeugenden Gesprächsführung.

Um Ihren Gesprächspartner von einer bestimmten Sache zu überzeugen, ist es erforderlich, dass Sie ihm Ihre Ansichten mit guten Argumenten nahebringen. Doch was genau sind gute Argumente? Wie müssen sie beschaffen sein, damit sie ihre volle Wirkung entfalten können und den Gesprächspartner tatsächlich überzeugen?

2.2 Partnerorientierte Argumentation

Nur mit guten Argumenten ist es überhaupt möglich, ein Gespräch überzeugend und konstruktiv zu führen. Denn nur wer echte Argumente hat, hat wirklich etwas zu sagen, was er aus echter Überzeugung vertreten kann, wofür er sich aufrichtig einsetzt und wovon der Gesprächspartner tatsächlich profitiert, wenn er sich überzeugen lässt. Das gilt im Großen wie im Kleinen, im Privaten wie im Beruflichen. Denn kaum ein Tag vergeht, an dem wir nicht mit anderen Menschen sprechen, diese von etwas überzeugen wollen oder selbst von etwas überzeugt werden. Wir argumentieren mit unseren Lebenspartnern, welches Fernsehprogramm wir ansehen wollen; wir argumentieren mit unseren Kindern, warum Zähneputzen notwendig ist; wir argumentieren mit unserem Kunden, warum unser Produkt genau das ist, was er braucht; und wir argumentieren mit einem großen Investor, warum er in unser Unternehmen investieren soll. Wir tragen unsere Meinung vor, hören die Argumente des anderen an, stellen Fragen und beantworten Fragen – und am Ende entscheiden die besseren Argumente.

Gute Argumente passen zum Gesprächspartner

Gute Argumente erfüllen – neben ihrer inhaltlichen Richtigkeit – ein entscheidendes Kriterium: Sie sind passgenau auf den jeweiligen Gesprächspartner zugeschnitten. Das ist wichtig, da es nicht reicht, wenn Sie selbst Ihre Argumente überzeugend finden. Ihre Argumente müssen in erster Linie für Ihren Gesprächspartner plausibel, relevant und stichhaltig sein. Ansonsten verpufft die Wirkung selbst der besten Argumente, da sie den Adressaten gar nicht erst erreichen. Das heißt, ein Argument, das für Sie selbst von größter Wichtigkeit ist, kann für Ihr Gegenüber vollkommen unbedeutend sein. Stellen Sie sich – um ein einfaches Beispiel zu nennen – vor, Sie planen mit Freunden eine gemeinsame Urlaubsreise und wollen sie für ein kostengünstiges Ferienhaus auf einer kleinen Insel begeistern. Sie preisen die niedrigen Reise- und Übernachtungskosten an und haben sich auch schon überlegt, wie sich die Verpflegung sehr preiswert realisieren lässt. Eine so günstige Reise müssen Ihre Freunde einfach gut finden. – Doch zu Ihrer Verwunderung springen sie darauf überhaupt nicht an. Im Gegenteil: Die einen wollen lieber ins Hotel und nicht in ein Ferienhaus, die anderen lieber aufs Festland anstatt auf eine Insel, und auf Selbstverpflegung hat niemand so richtig Lust. Von den niedrigen Kosten ist überhaupt nicht die Rede. Der Grund dafür ist einfach: Ihre Freunde haben sich genug Geld für den Urlaub beiseitegelegt und wollen sich einen Urlaub gönnen, bei dem die Kosten keine große Rolle spielen. Für sie ist viel wichtiger, dass sie es im Urlaub komfortabel und bequem haben. – Ihr vermeintlich gutes Argument, das für Sie selbst sehr überzeugend und plausibel ist, hat auf Ihre Freunde also keinerlei Wirkung, da es ihre Bedürfnisse und Interessen nicht anspricht. Es ist für Ihre Argumentation wertlos.

> Gute Argumente sind genau auf den Adressaten zugeschnitten (denn der Wurm muss bekanntlich dem Fisch schmecken, nicht dem Angler).

Um die richtigen Argumente zu finden, ist es also erforderlich, die Situation des Gesprächspartners, seine Interessen und Bedürfnisse, genau zu kennen und sich darauf einzustellen. (Womit wir wieder bei der Empathie und dem aktiven Zuhören wären.) Beachten Sie deshalb:

■ Grundlegende Voraussetzung für das Entwickeln wirkungsvoller Argumente ist, dass Sie Ihren Gesprächspartner und seine Ansichten ernst nehmen und dass er sich auch ernst genommen fühlt. Nur so gelingt es Ihnen, sich erfolgreich in seine Situation hineinzuversetzen.

■ Die konkrete Situation Ihres Gegenübers liefert Ihnen die Ansatzpunkte für Ihre Argumente.

■ Gute Argumente beziehen sich auf die Lebenswirklichkeit Ihres Gesprächspartners und haben einen klaren Bezug zu seinen Interessen, Problemen, Wünschen und Erwartungen. Sie sprechen direkt seine persönlichen Bedürfnisse, Ziele, Vorteile – und ggf. auch Risiken und Gefahren – an.

■ Die möglichen Gesprächsergebnisse und entsprechenden Folgen und Handlungsoptionen müssen zur Realität Ihres Gesprächspartners passen und für ihn umsetzbar sein. Wenn sie in seine eigene Lebenswelt nicht integrierbar sind, sind sie für ihn bedeutungslos.

Um eine überzeugende Argumentation zu entwickeln, ist es also wichtig, sich bewusst auf den Gesprächspartner einzustellen und sich dessen Interessen, Ziele, Einstellung und Situation zu vergegenwärtigen. Das bedeutet nun jedoch nicht, dass Sie Ihrem Gegenüber ständig nach dem Munde reden und Ihre eigenen Ansichten vollkommen zurückstellen sollen. Es geht darum, den anderen ernst zu nehmen und dabei gleichzeitig das eigene Anliegen überzeugend zu vermitteln.

Sich auf den Gesprächspartner einzustellen bedeutet auch, die eigenen Argumente so zu kommunizieren, dass der Gesprächspartner sie versteht, denn eine Argumentation, der Ihr Gegenüber nur mit Mühe oder gar nicht folgen kann, wird ihn niemals überzeugen. Sprechen Sie die gleiche Sprache wie Ihr Gesprächspartner, unterstreicht das die Gemeinsamkeiten und erhöht Ihre Chancen, mit Ihren Argumenten auf offene Ohren zu treffen. Achten Sie deshalb darauf, Ihre Argumente verständlich, nachvollziehbar und präzise zu formulieren, und vermeiden Sie:

- langatmige oder abschweifende Ausführungen,
- unangemessen kompliziert formulierte Aussagen,
- Fachausdrücke, Fremdwörter, Abkürzungen, die Ihr Gesprächspartner nicht versteht,
- eine unendliche Aneinanderreihung von Argumenten,
- Widersprüche in Ihren Aussagen,
- nicht nachvollziehbare Gedankensprünge,
- vorsätzlich falsche Aussagen,
- unlogische Argumentationen.

Die Notwendigkeit, auf eine gemeinsame Sprache zu achten, ist von weit größerer Bedeutung, als man zunächst annehmen mag. Insbesondere im Berufsleben – aber auch im Privaten – stehen sich nicht selten Gesprächspartner gegenüber, die mit vollkommen unterschiedlichen fachlichen und persönlichen Voraussetzungen in ein Gespräch gehen.

> Es ist wichtig, mit dem Gesprächspartner eine gemeinsame Sprache zu finden.

Sie sprechen unter Umständen ganz verschiedene Sprachen. Stellen Sie sich zum Beispiel einen Bankangestellten vor, der einem Privatkunden komplizierte Bankgeschäfte erklären soll und dabei bloß Fachchinesisch spricht. Oder nehmen Sie einen Jugendlichen, der seiner Großmutter nahebringen will, dass das Internet und soziale Medien für ihn unverzichtbar sind. Oder denken Sie an die Abteilungsleiter zweier vollkommen verschiedener Fachabteilungen in einer Firma, die bei einem Projekt erstmals zusammenarbeiten sollen. In all diesen und ähnlichen Fällen ist es erforderlich, dass sich die Gesprächspartner sprachlich aufeinander einstellen, da sie sich ansonsten kaum verständlich machen können. Der Bankangestellte muss sich von seinem finanzmathematischen Fachchinesisch verabschieden und eine Sprache finden, die einem Privatmenschen die komplizierten Sachverhalte einfach und dennoch richtig erklärt. Der Jugendliche muss seiner Großmutter mit ihr bekannten Worten vermutlich erst einmal erklären, was Facebook überhaupt ist, bevor er mit ihr darüber sprechen kann, wie wichtig es ihm ist. Und die Abteilungsleiter müssen herausfinden, auf welchem fachlichen Niveau sie sich verständigen können.

Dafür ist es wichtig, sich bewusst zu machen, dass man selbst, wenn einem Themen oder Fachgebiete sehr vertraut sind, so tief in der Materie steckt, dass einem viele Begriffe und Fachausdrücke selbstverständlich erscheinen, die fachfremden Personen jedoch unbekannt sind. Hinterfragen Sie also Ihre Ausdrucksweise auf Nachvollziehbarkeit und Ihr eigenes Vokabular auf Allgemeinverständlichkeit, wenn Sie mit Personen sprechen, die nicht aus Ihrem Fachgebiet kommen oder womöglich einen ganz anderen Wissenstand als Sie selbst haben. Das ist insbesondere deshalb sehr wichtig, weil viele Menschen nicht gern zugeben, dass sie bestimmte Begriffe oder Abkürzungen nicht kennen oder Aussagen nicht verstehen, weil sie befürchten, sich damit unter Umständen eine Blöße zu geben. Im Zweifelsfall erfahren Sie also gar nicht, dass Ihr Gegenüber Sie nicht verstanden hat. Für die Wirksamkeit Ihrer Argumente wäre das fatal.

Sollte sich Ihr Gegenüber nun jedoch als Experte herausstellen, spricht natürlich nichts dagegen, dass Sie selbst auch das entsprechende Fachvokabular verwenden. Es geht nicht darum, grundsätzlich eine einfache und allgemeinverständliche Sprache zu verwenden, sondern eine gemeinsame Sprache zu finden, mit der sich alle Beteiligten zuverlässig verständigen können.

Wenn Sie und Ihr Gesprächspartner die gleiche Sprache sprechen, ist eine wichtige Voraussetzung für das Gelingen des Gesprächs erfüllt und sichergestellt, dass Ihre Argumente beim Adressaten auch ankommen. Gleichzeitig fördert das Aufeinandereinstellen ein positives Gesprächsklima, weil es persönliche Wertschätzung, Offenheit und Interesse am Gegenüber signalisiert. Wenn Sie Ihre Zugewandtheit zum Gesprächspartner noch deutlicher machen wollen, können Sie schon mit ein paar gezielten Formulierungen viel erreichen. Indem Sie Ihre Aussagen aus der Perspektive Ihres Gesprächspartners formulieren, anstatt aus der Ich-Perspektive zu sprechen, unterstreichen Sie zusätzlich, dass Sie bei Ihrer Argumentation auf seine Ansichten eingehen. Sagen Sie also zum Beispiel:

- „Wie **Sie** hier sehen können ..." und nicht „Wie **ich** Ihnen jetzt zeigen möchte ...".
- „Es dürfte für **Sie** besonders interessant sein, dass ..." und nicht „**Ich** bin **mir** sicher, dass für Sie besonders interessant ist, dass ...".
- „Vielleicht interessieren **Sie** sich auch für ..." und nicht „Außerdem kann **ich** Ihnen noch Folgendes zeigen ...".
- „Dieses Informationsmaterial für **Sie** ..." und nicht „**Unser** Informationsmaterial ...".
- „**Sie** können sich sicher sein, dass ..." und nicht „**Ich** versichere Ihnen, dass ...".

Mit Formulierungen dieser Art erhöhen Sie die Aufnahmebereitschaft Ihres Gesprächspartners für Ihre Argumente, denn Sie vermitteln ihm, dass er im Mittelpunkt Ihrer Argumentation und des Gesprächs steht. Ich-bezogene Formulierungen hingegen können unter Umständen unterschwellig Distanz zum Gegenüber aufbauen und ihn für Ihre Argumente verschließen.

Die Wirksamkeit Ihrer Argumente wird also mitnichten nur durch deren sachlichen Inhalt bestimmt. Wie so oft im sozialen Miteinander spielen neben den konkreten Daten und Fakten auch die Emotionen eine große Rolle. Diesen Umstand können Sie sich nun zunutze machen, indem Sie versuchen, Ihren Gesprächspartner mit Ihren Argumenten auch emotional anzusprechen und zu überzeugen. Dafür eignen sich sprachliche Mittel wie veranschaulichende Beispiele und Vergleiche, persönliche Erfahrungsberichte oder bildhafte Erläuterungen. Mit derartigen Mitteln machen Sie Ihre Argumente anschaulicher und eingängiger, weil für Ihren Gesprächspartner der konkrete Bezug zu seiner Lebenswirklichkeit unmittelbar erkennbar wird.

Mit Vorteilen und klarem Nutzen überzeugen

So wichtig die Emotionen und die Perspektive des Gesprächspartners auch sind, es bleibt die Frage: Welche Argumente überzeugen wirklich? Und da gibt es eine Berufsgruppe, von der wir diesbezüglich eine Menge lernen können: die Verkäufer, genau genommen die wirklich guten Verkäufer. – Vergegenwärtigen Sie sich einmal Ihr letztes Gespräch, das Sie als Kunde mit einem Verkäufer geführt haben und das Sie wirklich überzeugt hat. Mit welchen Argumenten hat der Verkäufer Sie „gekriegt"? Vermutlich waren es nicht diese oder jene Eigenschaften des Produkts, die er Ihnen nacheinander aufgezählt hat, sondern der ganz konkrete Nutzen, den Sie vom Kauf dieses Produkts beziehungsweise von einer Produkteigenschaft erwarten konnten. Sei es ein Kostenvorteil, ein Zugewinn an Komfort oder Sicherheit, eine Zeitersparnis, ein Prestigegewinn oder das gute Gefühl, etwas für die Umwelt getan zu haben. Der konkrete persönliche Nutzen ist am Ende häufig das entscheidende Verkaufsargument. Und gute Verkäufer wissen das. – Dieses Wissen können Sie nun auch abseits der Ladentheke für sich nutzen. Denn auch in allen anderen Gesprächen überzeugen die Argumente, die einen Nutzen versprechen, Ihren Gesprächspartner am meisten.

Ein einfaches Beispiel zur Veranschaulichung: Sie möchten Ihre Wohnung gern etwas umgestalten und dafür das Arbeitszimmer und das Schlafzimmer tauschen. Ihre Lebensgefährtin ist davon gar nicht begeistert und sträubt sich wegen des großen Aufwands. Nun wollen Sie sie überzeugen, dass das trotz des Aufwands eine gute Idee ist. Sie erklären ihr, dass der Aufwand letztlich gar nicht so groß ist, dass man nur schnell das eine hierhin und das andere dorthin räumen müsste, und schon wäre man fertig. Sie garantieren ihr außerdem, dass sie keinerlei Arbeit

Ein klar erkennbarer Nutzen ist immer ein überzeugendes Argument.

damit haben wird, weil Sie das alles allein machen und hinterher auch aufräumen und sauber machen würden. Sie finden noch viele weitere Argumente, die deutlich machen, dass das doch alles gar nicht so schlimm ist – doch Ihre Lebensgefährtin weigert sich hartnäckig, Ihnen zuzustimmen. Dann fällt Ihnen noch ein letztes Argument ein: „Im neuen Schlafzimmer würden wir morgens die Nachbarskinder nicht hören." – Sofort ist Ihre Lebensgefährtin einverstanden mit dem Zimmertausch.

Ein einziges klares Nutzenversprechen, das ein bestimmtes Bedürfnis angesprochen hat, kann schon ausreichen, um überzeugend zu argumentieren. Solange dieser Nutzen jedoch nicht erkennbar ist oder nur diffus im Raum schwebt, fehlt es an Überzeugungskraft. Der Nutzen ist nun wiederum etwas sehr Individuelles, weshalb es auch hier sehr wichtig ist, die Argumente auf das Gegenüber anzupassen. Würde sich Ihre Lebensgefährtin durch den morgendlichen Kinderlärm in keiner Weise gestört fühlen, hätte dieses Argument auch keinerlei Zugkraft gehabt. Auch bei Nutzenargumenten kommt es also in hohem Maße darauf an, sich auf den Gesprächspartner einzustellen.

Das gilt natürlich auch für den beruflichen Kontext: Stellen Sie sich beispielsweise vor, dass Sie Ihren Chef davon überzeugen wollen, einen bestimmten Bewerber einzustellen, obwohl Ihr Chef einen anderen Kandidaten bevorzugt. Ihr Chef führt nun viele gute Gründe für seinen Favoriten an, die Sie alle nicht bestreiten können. Und am Ende steht es unentschieden zwischen den beiden Bewerbern. Beide haben etwa gleichwertige Ausbildungen absolviert, beide können gute Arbeitszeugnisse vorlegen, der eine hat zwar mehr Erfahrung, der andere ist dafür mit weniger Gehalt zufrieden, beide waren im Bewerbungsgespräch sehr sympathisch. Der eine war etwas selbstsicherer, der andere dafür etwas aufmerksamer. Alles in allem zwei gleich gute Bewerber. – Sie würden Ihren Chef jedoch gern davon überzeugen, dass die Firma von dem Erfahrungsschatz des deutlich älteren Bewerbers (er ist Anfang 50, der jüngere erst Anfang 30) sehr stark profitieren kann, weshalb er der zu bevorzugende Kandidat wäre. Worin könnte nun der konkrete Nutzen für Ihren Chef liegen, wenn er sich für diesen Bewerber entscheiden würde? Sie überlegen also, was Ihrem Chef wichtig ist bei seiner Arbeit und – soweit Sie das beurteilen können – auch privat. Und dann fällt Ihnen ein, dass Ihr Chef häufiger darüber spricht, dass er so gern einmal richtig lange Urlaub machen würde, um eine Kreuzfahrt zu machen, dass er im Betrieb aber unabkömmlich ist und deshalb immer nur für wenige Tage freimachen kann. Daraus leiten Sie nun Ihr Nutzenargument ab, das Ihren Chef schließlich überzeugt: Der erfahrene Bewerber wird sich sicherlich bald als Vertretung für den Chef eignen, weil er auch im Umgang mit Angestellten, Lieferanten und Geschäftspartnern Erfahrung hat und über die nötige persönliche Reife verfügt, diese wichtige Vertretungsposition verantwortungsvoll und zuverlässig auszufüllen.

Für Ihren Chef eröffnen sich mit dieser Aussicht neue Perspektiven, die er bislang nicht bedacht hatte: Er kann in absehbarer Zeit vielleicht wirklich einen langen Urlaub machen, er ist nicht mehr unabkömmlich in der Firma, wenn er einmal krank werden sollte, bricht nicht gleich die Welt zusammen, und vielleicht kann er sich in nicht allzu ferner Zukunft auch hin und wieder einmal einen freien Tag gönnen. – Ein klarer Nutzen. Und ein überzeugendes Argument für den von Ihnen favorisierten Bewerber. Hätte Ihr Chef nun jedoch nicht das Bedürfnis nach einer kompetenten Vertretung, wäre dieses Argument sicher nicht ausschlaggebend.

Zwar lässt sich nicht jedes beliebige Argument in ein Nutzenargument umwandeln, doch je aufmerksamer Sie Ihrem Gesprächspartner zuhören, je besser Sie sich auf ihn einstellen und sich in seine

Lage versetzen, umso leichter wird es Ihnen fallen, einen individuellen Nutzen für ihn zu formulieren. Immer wenn Sie jemanden überzeugen wollen, etwas Bestimmtes zu tun oder zu lassen, eine bestimmte Entscheidung zu treffen, etwas zu verändern, seine eigenen Ansichten zu hinterfragen, Ihren Vorschlägen zu folgen oder Ihr Angebot anzunehmen, dann lohnt die Überlegung, welchen konkreten Vorteil und Nutzen Ihr Gesprächspartner davon hat, wenn er sich überzeugen lässt. Je besser dieser Nutzen dann zu den Bedürfnissen, Interessen und Wünschen Ihres Gegenübers passt, umso überzeugender wird Ihre Argumentation sein. Überprüfen Sie also Ihre Nutzenargumente möglichst bereits im Vorfeld – sofern das möglich ist – auf die Relevanz für Ihren Gesprächspartner. Und nutzen Sie die Erkenntnisse, die Sie im Verlauf eines Gesprächs über den anderen gewinnen, um Ihre Argumentation gezielt anzupassen. Dabei ist es wichtig, ihm keine falschen Versprechungen zu machen, sondern nur den tatsächlichen Nutzen in Aussicht zu stellen. Ansonsten beschädigen Sie Ihre Glaubwürdigkeit und erzeugen möglicherweise Widerstände bei Ihrem Gesprächspartner.

Klippen der Überzeugungsarbeit

In Gesprächen, Diskussionen oder Verhandlungen sind Sie natürlich nicht der Einzige, der mit einer guten und schlüssigen Argumentation überzeugen will. Ihr Gesprächspartner wird sich vermutlich in ähnlicher Weise wie Sie vorbereiten und seinerseits einige gute Argumente parat haben. Und selbst wenn idealerweise alle Beteiligten eine faire Gesprächsführung und ein gemeinsames und tragfähiges Gesprächsergebnis anstreben, werden Sie in Gesprächen mit Gegenargumenten und Widerständen konfrontiert werden.

Wenn Ihr Gegenüber ein überzeugendes Argument anführt, dem Sie nicht widersprechen können, bleibt Ihnen im Sinne einer konstruktiven und fairen Dialektik nur, das Argument unumwunden anzuerkennen und als Teilschritt auf dem Weg zum Gesprächsziel zu betrachten. Vielleicht können Sie mit Ihren weiteren Argumenten sogar darauf aufbauen, was die Überzeugungskraft Ihrer eigenen Argumentation noch einmal erhöhen und den konstruktiven Charakter des Gesprächs unterstreichen würde.

Ist das Gegenargument des anderen nun jedoch nicht schlüssig und überzeugend, könnten Sie es natürlich einfach direkt widerlegen und unmissverständlich unter Beweis stellen, dass Sie die besseren Argumente auf Ihrer Seite haben. Unter Umständen erzeugen Sie damit jedoch eine Situation, die das Gesprächsergebnis beeinträchtigen kann. Denn ein Gesprächspartner wird es Ihnen vermutlich nicht gerade danken, wenn Sie seine lückenhafte oder falsche Argumentation aufdecken. Vielmehr wird ihm diese Schwachstelle unangenehm oder gar peinlich sein, weil er einen Fehler gemacht hat, Wissenslücken offenkundig sind oder er einem Irrtum erlegen war. Es handelt sich also um einen heiklen Moment innerhalb des Gesprächs, bei dem Sie aufmerksam auf die Reaktion des anderen achten sollten, um ihn nicht in Verlegenheit zu bringen und so das Gesprächsklima zu belasten. Triumphgebaren oder Überheblichkeit sind hier also absolut tabu. Andernfalls würde sich das Gespräch bald zu einem Schlagabtausch entwickeln, bei dem es nur noch darum geht, wer recht hat, und nicht darum, ein sinnvolles Ergebnis zu erzielen. Es ist ratsam, nicht weiter auf dem schwachen Argument des anderen herumzureiten, sondern den Sachverhalt kurz richtigzustellen, dabei sachlich zu bleiben und das Gespräch dann lösungsorientiert weiterzuführen. So machen Sie es Ihrem Gesprächspartner leichter, ohne Gesichtsverlust einzulenken und einen konstruktiven Stil beizubehalten.

Doch nicht nur das Aufdecken einer argumentativen Schwachstelle kann bei Ihrem Gesprächspartner Widerstände erzeugen, die den Verlauf des weiteren Gesprächs belasten könnten. Andere mögliche Auslöser für Widerstände sind zum Beispiel:

> Siegerposen und Triumphgebaren sind in jedem Fall tabu – insbesondere dann, wenn Sie eine (argumentative) Schwachstelle bei Ihrem Gesprächspartner aufgedeckt haben.

- Vorsätzliche Fehlinformationen oder falsche (Nutzen-)Versprechungen führen zu einem Glaubwürdigkeits- und Vertrauensverlust, der die Beziehungsebene schwer belastet und den Gesprächserfolg massiv gefährdet.
- Sie können nicht erzwingen, dass Ihr Gesprächspartner ein Argument für relevant und schlüssig hält. Beharren Sie nicht rechthaberisch auf einem Argument, das ihn nicht überzeugt.
- Gut gemeinte Ratschläge nehmen schnell den Charakter einer Bevormundung an, was Widerstände provozieren kann. Besser ist es, Lösungsvorschläge zu machen.
- Argumente, die Ihren Gesprächspartner unter Druck setzen („Wenn Sie jetzt nicht zustimmen, gerät die gesamte Planung durcheinander!"), sind – selbst wenn sie sachlich vollkommen zutreffend sind – nicht hilfreich, um jemanden zu überzeugen. Sie treiben den Gesprächspartner in die Enge und erzeugen häufig starken Gegendruck. Eine Eskalation der Situation droht.
- Wer Einwände und Gegenargumente einfach abschmettert oder gar übergeht (selbst wenn er de facto im Recht ist), übergeht damit auch den Gesprächspartner, was mit einer fairen Dialektik nicht vereinbar ist. Der so Übergangene wird die fehlende persönliche Wertschätzung mit einer entsprechenden Abwehrhaltung quittieren.
- Unfaire kommunikative Methoden und Tricks (wie zum Beispiel Manipulation) werden oft entlarvt und erzeugen Misstrauen und Gegenwehr.

All diese Auslöser führen dazu, dass die sachliche Auseinandersetzung in den Hintergrund tritt und das Gespräch stattdessen zu einem Kampf um den persönlichen Sieg mutiert. Wer Widerstände aufbaut, verschließt sich gegenüber logischen Argumenten, weil es dann um etwas anderes geht als um Logik und um Verständigung. Dann zählt auch nicht mehr das bessere Argument, sondern nur noch die schlagkräftigere Verbalkeule oder der raffiniertere Trick.

Und auch dann, wenn ein Gespräch nicht unmittelbar von den Folgen solcher Widerstände betroffen ist, wird sich spätestens bei der Tragfähigkeit des Gesprächsergebnisses zeigen, dass hier eben nicht zwei gleichberechtigte Partner ein für beide Seiten zufriedenstellendes Ergebnis erzielt haben. Das Ergebnis wird nicht lange Bestand haben, wenn sich einer der Beteiligten im Nachhinein übervorteilt sieht und den Eindruck gewinnt, beim Gespräch übergangen, manipuliert oder ausgetrickst worden zu sein. Alle zukünftigen Gespräche werden davon beeinflusst werden und dann unter keinem guten Stern stehen. Auch aus diesem Grund ist eine faire und partnerorientierte Gesprächsführung in jedem Fall zu favorisieren.

2.3 Fairness kann ich mir nicht leisten, ich muss mich durchsetzen!

Ich würde auch gern immer nur fair diskutieren, doch in manchen Situationen muss ich als Führungskraft einfach zu härteren Bandagen greifen, um mich durchzusetzen. In bestimmten Auseinandersetzungen kann ich es mir einfach nicht leisten, klein beizugeben und dann als Verlierer dazustehen. Das schwächt meine Position und beschädigt meine Autorität. Und letztlich will ich auch, dass die Dinge so gemacht werden, wie ich es für richtig halte, und nicht lange darüber diskutieren.

In dieser Aussage finden sich gleich mehrere Missverständnisse, denn:

1. Faire Dialektik heißt nicht, klein beizugeben.
2. Die eigenen Ansichten in einer Diskussion nicht durchsetzen zu können bedeutet nicht automatisch, als Verlierer dazustehen.
3. Autorität entsteht nicht dadurch, dass Sie sich in Diskussionen auf Biegen und Brechen durchsetzen.

4. Wer sich mit allen Mitteln durchsetzt, hat nicht automatisch recht.

Die starke Orientierung am Gesprächspartner verleitet natürlich leicht zu der Annahme, dass die faire Dialektik und die partnerzentrierte Argumentation dazu führen, dass die eigenen Ansichten in den Hintergrund gedrängt und nicht nachdrücklich genug vertreten werden. Richtig an dieser Annahme ist, dass es tatsächlich nicht darum geht, die eigenen Ansichten ohne Wenn und Aber „durchzudrücken". Stattdessen geht es um eine echte Klärung der Sache unter Berücksichtigung der Interessen aller Beteiligten. Das bedeutet nun in der Tat, dass Sie, sofern Sie keine guten Argumente für Ihre Ansichten vorlegen können, sich von den besseren Argumenten Ihres Gesprächspartners überzeugen lassen und seine Ansichten als zutreffend anerkennen. Das jedoch wird Ihnen nicht schwerfallen, wenn er tatsächlich die besseren und überzeugenderen Argumente hat. Schließlich steigen damit die Chancen auf eine gute Lösung in der Sache, von der Sie selbst ebenfalls profitieren. Wenn Sie hingegen auf Ihren – erwiesenermaßen unzutreffenden – Ansichten bestehen, wird das Ergebnis mit Sicherheit schlechter ausfallen, was auch Ihnen selbst schadet. In solchen Fällen ist es also einfach intelligenter, sich überzeugen zu lassen.

> Wer sich von den besseren Argumenten überzeugen lässt, ist kein „Verlierer", sondern trägt dazu bei, dass ein gutes Gesprächsergebnis erzielt wird.

In den Fällen jedoch, in denen Ihr Gesprächspartner Sie nicht überzeugen kann, sollen Sie natürlich nicht aus lauter Nettigkeit nachgeben und trotz seiner schwachen Argumente Ihre Ansichten einfach zurückstellen. Das hat nichts mit Fairness und Dialektik zu tun. Und auch hier wären die Gesprächsergebnisse ja die schlechteren im Vergleich zu denen, die entstehen, wenn sich die besseren Argumente durchsetzen. Hier gilt es also, mit Nachdruck, kommunikativem Geschick und mithilfe einer fairen Dialektik die eigenen Argumente in das Gespräch einzubringen und für das Erreichen des optimalen Gesprächsergebnisses einzusetzen. Entscheidend ist in jedem Fall, auf welchem Wege die bessere Lösung erzielt werden kann, also wie die zur Diskussion stehende Sache am besten geklärt wird.

Damit ist auch klar, dass von „Gewinner" und „Verlierer" keine Rede sein kann, solange es die besseren Argumente waren, die Sie von einer anderen Meinung überzeugt haben. Zumal diese Begriffe ohnehin nicht zu einem konstruktiven und fairen Gespräch passen, da es eben nicht um Sieg oder Niederlage, sondern um die Sache geht. Deshalb trägt es auch keineswegs zu Ihrer Autorität bei, wenn Sie sich nur um des vermeintlichen Sieges willen mit aller Macht gegen Ihren Gesprächspartner durchsetzen. Wenn Sie dabei nämlich verursachen, dass das Ergebnis des Gesprächs eine schlechtere Lösung darstellt als die, die möglich gewesen wäre, wenn Sie nicht auf Ihrem Standpunkt beharrt hätten, dann untergraben Sie sogar Ihre Autorität. Mitarbeiter nehmen sehr wohl zur Kenntnis, wenn ihre Vorgesetzten ihre Machtposition dafür nutzen, sich durchzusetzen, anstatt überzeugend zu argumentieren. Und sie legen gerade das als Schwäche aus. Zudem offenbaren Vorgesetzte mit dieser Einstellung auch einen Mangel an Respekt und Wertschätzung ihren Mitarbeitern gegenüber, da sie deren Ansichten nicht ernst nehmen, sondern einfach übergehen. Das trägt mit Sicherheit nicht dazu bei, als Autorität wahrgenommen zu werden. Im Gegenteil: Es untergräbt Ihre Souveränität, schadet Ihrem Ansehen und entzieht Ihnen den Respekt Ihrer Mitarbeiter.

Und wenn Sie sich dann mit aller Macht durchgesetzt, die Einwände Ihres Mitarbeiters vom Tisch gewischt und das durchgeboxt haben, was Sie für richtig halten, dann heißt das eben noch lange nicht, dass Sie auch ein gutes Ergebnis erzielen. Denn wenn Sie mit Ihren durchgeboxten Ansichten falsch liegen, dann wird am Ende eine schlechte Lösung umgesetzt, deren Folgen Sie zu verantworten haben. Und das können Sie sich ganz bestimmt noch weniger leisten als ein paar Diskussionen. Betrachten Sie faire Auseinandersetzungen deshalb nicht als lästig und überflüssig, sondern nutzen Sie sie, um herauszufinden, ob Ihre Vorstellungen wirklich zu einer guten Lösung beitragen oder ob Ihr Mitarbeiter vielleicht noch eine gute Idee hat, auf die Sie selbst nicht gekommen sind.

3. | Mit Diplomatie zum Ziel

Mit Diplomatie sind ursprünglich die Pflege der Beziehungen zwischen den Staaten durch Verhandlung und die dabei angewandten Methoden gemeint. Die Intention einer diplomatischen Vorgehensweise ist in erster Linie, die eigenen Zielsetzungen zu erreichen, ohne dabei die Beziehung zum Gesprächspartner zu belasten. Denn angespannte Beziehungen stellen immer eine Belastung für künftige Gespräche und Verhandlungen dar und behindern eine effektive Kommunikation.

In der Kunst der Diplomatie haben sich über Jahrtausende einige Gesetze herausgebildet, die auch heute noch auf diplomatischem Parkett angewandt werden, um so selbst in schwierigen Situationen noch Lösungen finden zu können. Was für die Diplomatie zwischen Staaten zutrifft, gilt in gleicher Weise auch für die private und berufliche Gesprächsführung. In beiden Fällen ist die Diplomatie zwar kein Allheilmittel – ein Blick in die Zeitung genügt, um zu sehen, dass zuweilen auch die Diplomatie versagt. Allerdings gelingt es den Diplomaten auf internationaler Bühne fast immer, zumindest miteinander im Gespräch zu bleiben. Und werden die diplomatischen Beziehungen zwischen Staaten offiziell tatsächlich einmal eingefroren, so werden im Hintergrund in der Regel dennoch weiterhin informelle Gespräche geführt. Denn wo völlige Funkstille herrscht, kann es schließlich keine positiven Entwicklungen mehr geben – und damit ist natürlich niemandem gedient.

> Wer die Kunst der Diplomatie beherrscht, verhindert Kommunikationsstörungen und fördert das Gelingen von Gesprächen.

Im direkten Gespräch zwischen Menschen ist Diplomatie oft die beste Methode, um rasch Lösungen zu finden, Einigkeit zu erzielen und Gesprächsziele zu erreichen. Allerdings beherrschen nur wenige Menschen die Kunst der Diplomatie richtig, was in der

Praxis oft zu Kommunikationsstörungen führt, die sich in Konflikten, Missverständnissen, Verärgerung und Vertrauensverlust äußern. Die diplomatische Gesprächsführung ist immer eine faire Gesprächsführung und basiert auf der Erkenntnis, dass jemand, der sich mit aller Gewalt durchsetzen will, letztlich nur Gegenwehr erzeugt. Deshalb ist Diplomatie seit je die Kunst der Cleveren, die geschickt Interessengegensätze auszugleichen wissen und so schneller, besser und nachhaltiger zum Ziel kommen.

3.1 Die Grundsätze der diplomatischen Gesprächsführung

Wo Menschen zusammenleben, wird es immer Gesprächsbedarf geben, da sie unterschiedliche Interessen, Bedürfnisse, Neigungen, Ansichten haben und natürlich auch verschiedene Ziele verfolgen. Das Problem sind letztlich jedoch nicht die Differenzen, sondern die Art und Weise, wie mit unterschiedlichen Vorstellungen umgegangen wird.

Mit Taktgefühl heikle Gesprächssituationen zu meistern ist nicht jedem Menschen gegeben. Das gilt insbesondere für emotional aufgeheizte Situationen. Diplomatie bedeutet daher auch: einen kühlen Kopf bewahren. Statt mit der Brechstange vorzugehen, ist es in den meisten Situationen weitaus effektiver und auch weitsichtiger, eine für beide Seiten akzeptable Lösung zu finden – also ein Ergebnis zu erzielen, das den eigenen Zielsetzungen gerecht wird und gleichzeitig die Interessen der Gesprächspartner berücksichtigt. Eine diplomatische Gesprächsführung beruht auf fünf Grundsätzen:

1. Verbale Angriffe ins Leere laufen lassen

Was auch immer Sie sagen, bleiben Sie verbindlich, auch dann, wenn Ihr Gegenüber Sie verbal unter Beschuss nimmt oder sich im Ton vergreift. Bleiben Sie betont gelassen und vor allem sachlich, um eine mögliche Eskalation zu verhindern, die letztlich doch nur Zeit und Energie kostet. Wenn die Emotionen auf beiden Seiten hochkochen, ist es überaus schwierig, wieder eine gemeinsame Basis und eine Einigung in der Sache zu erreichen. Leiten Sie niemals (aus Rache) einen Gegenangriff ein. Der Angriff des Gegenübers geht ins Leere, wenn Sie ihn nicht mit einem Gegenangriff vergelten. Lassen Sie sich also nicht provozieren, gehen Sie zugleich mit gutem Beispiel voran: Zeigen Sie, dass Ihnen an einer fairen und niveauvollen Kommunikation gelegen ist. Das bringt die meisten Hitzköpfe schnell wieder auf den Teppich. Soll Ihr Gesprächspartner ruhig etwas Dampf ablassen – wenn Sie sich davon nicht beeindrucken lassen, haben Sie jetzt die Gelegenheit, das Gespräch sachorientiert weiterzuführen.

2. Lösungen suchen, von denen beide Seite profitieren

Zuweilen gibt es scheinbar unüberbrückbare Gegensätze oder Meinungsverschiedenheiten. Wenn die eigenen Ansichten tatsächlich erheblich von denen der anderen abweichen, ist die Versuchung oft groß, sie mit Gewalt durchzuboxen – doch das verursacht nur Widerstand. Sie werden sich nur aneinander festbeißen, und keiner wird zufrieden aus dem Gespräch gehen. Weitaus zweckmäßiger ist es, trotz aller Gegensätze Gemeinsamkeiten zu finden. Die gibt es immer! Und dann streben Sie eine Lösung an, die für beide Seiten vorteilhaft ist. Und ein überzeugter Gesprächspartner handelt wesentlich kooperativer als einer, der in die Enge getrieben oder überredet worden ist. Wichtig ist, dass am Ende nicht einer als Gewinner und der andere als Verlierer dasteht. Suchen Sie nach einer Lösung, von der beide Seiten profitieren.

3. Den Gesprächspartner ernst nehmen

Vordergründig prallen gerade in heiklen Gesprächen unterschiedliche Interessen aufeinander. Bei genauerem Hinsehen zeigt sich dagegen oft, dass die Interessenlagen gar nicht so verschieden sind.

Und in allen Gesprächen geht es nicht nur um die eigenen Interessen, sondern ebenso um die des Gegenübers. Nehmen Sie Ihren Gesprächspartner und seine Bedürfnisse daher immer ernst. Versuchen Sie, sich von Vorurteilen zu trennen, und akzeptieren Sie auch Ansichten, die Sie selbst nicht teilen. Das gilt übrigens auch und sogar gerade dann, wenn Gespräche zwischen Personen geführt werden, die – wie im beruflichen Kontext oft der Fall – eine unterschiedliche Position in der Hierarchie einnehmen. Suchen Sie nach einer Lösung, bei der die individuellen Erwartungen, Interessen und Bedürfnisse Ihres Gesprächspartners einbezogen werden.

4. Nicht (vor anderen) bloßstellen

Was auch immer Sie unter vier Augen besprechen, sobald Zuhörer anwesend sind, gelten andere Spielregeln. Stellen Sie Ihren Gesprächspartner nie öffentlich bloß. Selbst wenn Sie die Lacher und die Zuhörer damit vielleicht kurz auf Ihrer Seite haben – schnell wendet sich das Blatt, und die Menge sympathisiert mit dem vermeintlich „Schwächeren". Zudem ist die Beziehung zu der kompromittierten Person oft dauerhaft beschädigt. Und auch im Vier-Augen-Gespräch ist es vorteilhaft, dem Gesprächspartner einen Ausweg zu bieten, wenn er sich argumentativ in die Sackgasse manövriert hat. Hat sich ein Gesprächspartner völlig verrannt, sollte er zwar sachlich darauf hingewiesen werden, es bringt jedoch nichts, ihm seinen Irrtum noch genüsslich unter die Nase zu reiben.

5. Einfühlungsvermögen zeigen

Das richtige Wort zur richtigen Zeit bewirkt wahre Wunder. Die jeweils richtigen Worte können in jedem Gespräch jedoch völlig unterschiedliche sein. Es hängt ganz vom Gesprächspartner und seiner individuellen Situation ab, mit welchen Worten wir einen direkten Draht zu ihm aufbauen und womit wir ins Fettnäpfchen treten. Hier hilft es, sich im Gespräch immer wieder in die Situation des Gesprächspartners zu versetzen und sich in seine Realität einzufühlen. Das schützt vor peinlichen Patzern und hilft dabei, eine gemeinsame Wellenlänge zu finden. Mit Diplomatie kommen Sie viel eher zum Ziel als mit der Brechstange. Besonders wichtig ist dabei die Bereitschaft, sich in die Gefühle und Ansichten anderer Menschen einzufühlen und hineinzudenken. Das Ziel ist es, die Situation und die Erfahrungen des Gegenübers zu verstehen. Es geht nicht darum, etwas zu bewerten oder zu verändern, sondern nur um das reine Verstehen. Versuchen Sie dabei, vorgefasste Meinungen und Urteile, die Sie sich bereits im Vorfeld über den Gesprächspartner gebildet haben, einmal beiseitezulassen. Gehen Sie stattdessen unvoreingenommen und offen für die Lage des Gegenübers ins Gespräch. Gerade wenn es darum geht, problematische Situationen zu kommunizieren, ist es hilfreich, gleichzeitig zurückhaltend und aufmerksam zu sein, um wirklich zu begreifen, was dem Gesprächspartner wichtig ist.

Diplomatische Gesprächsführung in der Praxis

Ob es uns gefällt oder nicht: Konflikte und Kontroversen sind eine normale und unausweichliche Begleiterscheinung des menschlichen Miteinanders. Oft bilden sie den Anlass für Diskussionen, die zuweilen zu wahren Streitgesprächen eskalieren und letztlich in der Sache nichts klären, sondern stattdessen die Beziehung zwischen den Beteiligten nur noch weiter belasten. Wer diplomatisches Geschick an den Tag legt, wenn es darauf ankommt, kann sich und seinen Gesprächspartnern damit unnötige Reibereien ersparen. Das heißt nicht, dass jeder Gesprächspartner mit Samthandschuhen angefasst werden müsste. Diplomatie meint im Gegenteil sogar, dass die Dinge beim Namen genannt und auf den Tisch gelegt werden – allerdings unter Berücksichtigung der Empfindlichkeiten und Bedürfnisse des jeweiligen Gesprächspartners. Es geht darum, die eigenen Überzeugungen wirkungsvoll zu vertreten und tragfähige Gesprächsziele zu erreichen, ohne dabei verbrannte Erde zu hinterlassen. Dafür ist es wichtig, sich dem Gesprächspartner und seinem Anliegen gegenüber zu öffnen.

Erfahrene Diplomaten verstehen es, vorgefasste Meinungen und Urteile, die sie sich bereits im Vorfeld über den Gesprächspartner gebildet haben, beiseitezulassen.

> **Erfolgreiche Diplomaten sind einfühlsam und gleichzeitig durchsetzungsstark, sie zeigen Interesse an ihrem Gesprächspartner und versuchen, ihn wirklich zu verstehen. Sie legen Vorurteile ab und hören ihrem Gegenüber aufmerksam zu.**

Sie versuchen stattdessen, unvoreingenommen und offen die Lage des Gegenübers zu erfassen, ohne seine Meinungen zugleich zu bewerten – es geht einzig um das Verstehen. Durch Einfühlung in den Gesprächspartner eröffnen Sie sich selbst die besten Möglichkeiten für ein gutes Gespräch und für ein souveränes Auftreten, denn je umfassender Sie die Situation des anderen verstehen, umso besser können Sie Ihre Argumentation auf Ihr Gegenüber abstimmen. Und ein Gesprächspartner, der sich von Ihnen verstanden fühlt, wird Ihnen sicher auch besonders aufmerksam und wohlwollend zuhören.

Diplomaten sind zudem meist gute Redner, vor allem jedoch noch bessere Zuhörer! Konzentrieren Sie sich also aufmerksam auf Ihren Gesprächspartner und vermitteln Sie ihm, dass Sie wirklich zuhören und ihn verstehen wollen und schließlich auch verstehen werden.

Das gilt insbesondere für schwierige Gespräche, zum Beispiel in Konfliktsituationen. Ausgerechnet in Konflikten, in denen erfolgreiches Kommunizieren von besonderer Wichtigkeit wäre, gelingt es uns häufig nicht, erfolgreich und verständnisvoll zu kommunizieren. Das liegt in der Natur der Sache, muss dennoch nicht als unumstößliches Gesetz betrachtet werden. Ein wirksames und von Diplomaten konsequent eingesetztes Mittel zur Konfliktvermeidung sind sogenannte Ich-Botschaften. Sie stehen im Gegensatz zu den Du-Botschaften, mit denen in kritischen Situationen häufig verbale Attacken formuliert werden. Solche Du-Botschaften sind zum Beispiel:

- „Du solltest das doch nicht so machen!"
- „Du hast einfach keine Ahnung!"
- „Du bist doch zu spät gekommen!"

Derartige Aussagen werden kaum zur Entspannung der Situation beitragen. Im Gegenteil: Du-Botschaften enthalten Anklagen oder Vorwürfe an den Gesprächspartner, gegen die er sich dann verteidigt. Sie attackieren unmittelbar die Persönlichkeit und bestimmte Charaktereigenschaften des Gegenübers und engen seinen Reaktionsspielraum deutlich ein, denn sie fordern eine bestimmte Handlungsweise oder schlagen zumindest eine solche vor. Damit stellen diese Aussagen einen deutlichen Übergriff in seinen Aktionsbereich dar und bringen ihn in Bedrängnis, gegen die er sich zur Wehr setzen wird.

Um eine Eskalation möglichst zu vermeiden, ist es ratsam, anstelle der Du-Aussagen lieber mit Ich-Botschaften zu operieren. Mit Ich-Botschaften transportieren Sie Ihre eigenen Gefühle und Gedanken und kommunizieren offen, was Ihnen missfällt. Sie formulieren mit Ich-Aussagen, was Sie empfinden und wie Sie sich fühlen und welches Verhalten oder welche Äußerung Ihres Gesprächspartners zu dem Konflikt geführt hat. Ich-Botschaften enthalten keine Vorwürfe oder Belehrungen, auch keinen Lösungsvorschlag und keine Forderung, sondern beschreiben nur das Problem und erscheinen als eine offene Bitte an den Gesprächspartner. Deshalb braucht dieser sich auch nicht zu verteidigen, und die Gefahr einer Eskalation sinkt beträchtlich.

> Ich-Botschaften helfen dabei, eine angespannte Gesprächssituation zu entschärfen und eine Eskalation zu verhindern.

Ich-Botschaften verdeutlichen durch ihren defensiven Charakter außerdem die Bereitschaft, das Problem miteinander zu lösen und nicht gegeneinander auszufechten, sodass die Beziehungsebene für die Zukunft unbelastet bleibt. Da Ich-Botschaften nicht auf Konfrontation, sondern auf Kommunikation ausgerichtet sind, können sie den Gesprächspartnern helfen, aus dem Konflikt heraus und wieder zurück zur Sache zu finden. Der bewusste Gebrauch von Ich-Botschaften macht es allen Beteiligten gerade in schwierigen Gesprächssituationen leichter, eine Einigung zu erreichen.

3.2 Eine besondere Herausforderung: Die Verhandlung

Für viele Menschen gilt die Verhandlung als das Paradebeispiel eines schwierigen Gesprächs. Denn hier besteht die Sorge, bei einem ungünstigen Gesprächsverlauf vom Verhandlungspartner über den Tisch gezogen zu werden und die eigenen Ziele nicht durchsetzten zu können. Gleichzeitig ist klar, dass eine Einigung erzielt werden muss – ansonsten gilt die Verhandlung als gescheitert. Im Vorfeld einer Verhandlung macht sich daher schnell eine gewisse Anspannung breit, was die Situationen nicht leichter macht: Die einen sind in der Verhandlung zu nachgiebig, um das Ganze nur schnell über die Bühne zu bringen, selbst wenn sie dafür – oft im wahrsten Sinne des Wortes – einen hohen Preis bezahlen müssen; andere zeigen sich von der harten Seite und wollen sich auf Teufel komm raus durchsetzen, ohne auch nur die kleinste Kompromissbereitschaft an den Tag zu legen. In beiden Fällen wird das Ergebnis unbefriedigend ausfallen.

Die Verhandlung wird allgemein als Ausnahmesituation wahrgenommen, dabei ist uns gar nicht bewusst, dass fast jeder von uns nahezu täglich an Verhandlungen beteiligt ist: Wir verhandeln mit den Kindern ums Taschengeld, mit dem Partner um die Wahl des nächsten Urlaubsortes, mit Händlern um Preise und Konditionen, mit dem Geschäftspartner um die Investition in eine neue Anschaffung und natürlich mit dem Vorgesetzten um das Gehalt. Und so hat jeder Mensch bereits ausgiebige Erfahrungen mit Verhandlungen gesammelt und auch entsprechende Verhandlungsstrategien parat, die dann im Ernstfall zur Anwendung kommen. Dennoch ist der Druck groß, wenn wichtige Verhandlungen anstehen – auf dem Flohmarkt zu feilschen ist eben doch eine andere Situation als beispielsweise eine zähe Gehaltsverhandlung erfolgreich über die Bühne zu bringen.

Gerade im beruflichen Kontext stehen wir immer wieder vor der Aufgabe, die eigene Professionalität in Verhandlungen unter Beweis zu stellen, übrigens auch dann, wenn es mal nicht um folgenschwere Entscheidungen geht. Und hierbei haben alle Arten von Verhandlungen ihre speziellen Spielregeln und bergen besondere Herausforderungen. Eine häufige Fehlannahme in diesem Zusammenhang betrifft die Frage nach dem Verhandlungsziel, in erster Linie geht es hier vermeintlich nur um eines: gewinnen. Doch dieser Punkt bringt einige schwerwiegende Probleme mit sich, denn bei den meisten Verhandlungen geht es keineswegs um Sieg oder Niederlage und damit auch nicht um unverrückbare Positionen. In letzter Konsequenz widersprechen starre Positionen sogar dem Grundgedanken der Verhandlung: Die Notwendigkeit zu verhandeln ergibt sich immer dann, wenn anlässlich einer anstehenden Entscheidung unterschiedliche Interessen der Beteiligten aufeinandertreffen, die in irgendeiner Form vereinheitlicht werden müssen. Die Parteien müssen dann eine Variante aushandeln, die die unterschiedlichen Interessenlagen berücksichtigt und auf die sich beide Seiten einigen können, sodass eine Entscheidung zustande kommt, die tragfähig ist und umgesetzt werden kann. Es geht also um die Interessen beider Parteien, und das Ziel ist es, für die auseinandergehenden Interessen einen Ausgleich zu finden.

> Auch in Verhandlungen geht es nicht um Sieg oder Niederlage!

Erst Verhandlungsspielräume machen erfolgreiche Verhandlungen möglich

So ist es für jeden, der häufiger in Verhandlungssituationen kommt, besonders wichtig, sich ins Gedächtnis zu rufen, dass Verhandlungen – worum es im Einzelfall auch immer gehen mag – klaren Regeln folgen, von denen eine beinhaltet, dass im Optimalfall beide Gesprächspartner als Gewinner aus der Verhandlung hervorgehen. Das Ziel ist es, mit dem Verhandlungspartner so übereinzukommen, dass zum einen die infrage stehende Entscheidung überhaupt getroffen und umgesetzt werden kann und zum anderen beide Parteien gleichermaßen einen Vorteil davon haben. Denn selbst wenn die Interessen in der Sache auseinandergehen, besteht letztlich doch Einigkeit darüber, dass man sich einigen muss und will. Das ist die Grundlage für den Beginn von Verhandlungen – bei anderen Ausgangssituationen ist es genau genommen sinnlos, überhaupt Verhandlungen aufzunehmen. Verhandlungen, die lediglich Spielraum für ein Ja oder ein Nein lassen, können zu keinen konstruktiven Ergebnissen führen. Hier wird nicht mehr verhandelt, sondern nur noch zugestimmt oder abgelehnt.

Überlegen Sie sich daher vor jeder Verhandlung genau, welchen Spielraum Sie haben. Denn wer über keine Verhandlungsoptionen verfügt, steht mit dem Rücken an der Wand. Erst realistische Alternativen machen ein souveränes Verhandeln möglich. Jede wichtige Verhandlung sollte daher gut vorbereitet werden, wobei genau durchgespielt wird, welche Optionen überhaupt möglich sind.

Was ist Ihr Verhandlungsziel?

Wenn Sie vor einer Verhandlung sagen: „Wir wollen das Bestmögliche herausholen!", hört sich das zwar gut an – nur hilft das nicht weiter. Denn das Verhandlungsziel ist extrem unpräzise formuliert, es kann alles oder nichts sein. Mit einer solchen Aussage entstehen Gefahren, die sich ganz gegensätzlich äußern können:

Das Verhandlungsziel wird entweder viel zu hoch angesiedelt, oder es wird kein vernünftiges Limit nach unten gesetzt. Beides sollte unter allen Umständen vermieden werden!

Überzogene Ziele, die mehr auf Wunschdenken als auf realistischen Chancen beruhen, sind immer überaus kontraproduktiv.

> Für eine erfolgreiche Verhandlung brauchen Sie realistische und präzise formulierte Ziele sowie klar definierte Verhandlungsspielräume.

Man vergisst dabei schnell, dass die Verhandlungspartner einen genau gegensätzlichen Standpunkt einnehmen werden. Und es bedarf keines Hellsehers, um zu wissen, was dann geschieht: Der Druck wird mit Gegendruck pariert. Leicht können sich hierbei Verhandlungen festfahren oder einseitige Unzufriedenheit mit anschließendem Wunsch nach Revanche einstellen. Formulieren Sie für sich daher ein genaues Verhandlungsziel und erhalten Sie sich Verhandlungsspielräume. Setzen Sie Ihre Ziele dabei nicht übertrieben hoch an. Denn dann ist die Gefahr groß, dass die übersteigerten Zielsetzungen schon zu Beginn einer Verhandlung auf den Boden der Tatsachen zurückgeführt werden. Und wenn Sie dann schließlich erkennen, dass die Ziele zu hoch gesteckt sind, ist damit manchmal schon der Einstieg in die Verhandlung verpatzt. Nur selten stellen sich Erfolge ein, wenn man in der Verhandlung direkt aufs Ganze geht und zu hoch pokert. Das Nichterreichen extrem hoher Ziele endet nicht selten in einer totalen Niederlage.

Doch auch ein Ziel um jeden Preis zu erreichen ist oft ein zu hoher Preis. Daher muss ebenfalls präzise kalkuliert sein, in welchem Rahmen ein Entgegenkommen überhaupt noch sinnvoll ist und an welcher Stelle weitere Zugeständnisse nicht mehr möglich sind.

Derlei Überlegungen gehören eindeutig in die Planungs- und Vorbereitungsphase von Verhandlungen. Denn das Fehlen konkreter (realistischer) Ziele kann dazu führen, dass Sie einem Partner mit klarer Zielsetzung vollkommen ausgeliefert sind. Improvisierte Zieldefinitionen während der Verhandlung (nach dem Motto „Ich

weiß schon, wie weit ich gehen kann") kommen einem Glücksspiel
gleich. Die Ziele für eine Verhandlung müssen bereits im Vorfeld
klar und präzise formuliert werden, den Bereich des tatsächlich
Möglichen umfassen und frei von illusorischen Vorstellungen
sein.

Ein häufiger Fehler ist auch das Verwechseln von Zielen mit Positionen. Um Ziele lässt sich verhandeln, um starre Positionen nicht
– diese können lediglich akzeptiert oder abgelehnt werden. Für
gelungene Verhandlungen ist ein möglichst breiter Verhandlungsspielraum unerlässlich. Starre Positionen führen dagegen dazu,
dass Wege zum Erreichen der gemeinsamen Ziele oftmals nicht
mehr erkannt werden, weil man sich auf einem zu engen Terrain
bewegt.

Niemand will, dass eine Verhandlung scheitert – davon können
wir zunächst ausgehen. Die Verhandlungspartner haben sich vorbereitet und womöglich schon Arbeit investiert, die sich durch
die Verhandlung wieder auszahlen soll. Die Festlegung auf ein
einziges Ziel nimmt aber erforderlichen Verhandlungsspielraum
und erhöht die Wahrscheinlichkeit, dass kein zufriedenstellendes
Ergebnis erreicht werden kann. Wenn es lediglich um die Durch-
setzung eines einzigen Ziels geht, entbrennt folglich ein besonders
heftiger Kampf. Alle Energien konzentrieren sich auf das eine Ziel,
das es auf Biegen und Brechen zu erreichen gilt. Ein Ausweichen
auf andere Themen ist nicht möglich, wobei genau dadurch eine
Entschärfung erreicht werden würde. Für jede Verhandlung sollten Sie sich deshalb unbedingt mehrere Alternativziele überlegen,
auf die Sie ausweichen können, falls das Primärziel nicht erreicht
werden kann. Fragen Sie sich also:

- Welches ist das beste Alternativziel?
- Welche Alternativziele gibt es außerdem?
- Was kann zusätzlich erreicht werden?

Suchen Sie immer nach möglichst vielen Zielen, um Ihren Verhandlungsspielraum zu vergrößern. Oft lässt sich ein Primärziel

auch in mehrere Teilziele dividieren. Auch die Erweiterung der Perspektive auf langfristige Zielsetzungen eröffnet meistens Möglichkeiten, um zusätzliche sinnvolle Ziele zu finden.

Natürlich gilt Ihr vornehmliches Interesse dem Erreichen des Hauptziels. Nur brauchen Sie sich nicht mehr darauf zu versteifen und sich damit selbst einzuengen. Sie können taktisch manövrieren und situativ entscheiden, wann ein Ausweichmanöver angezeigt ist. Ihr Verhandlungsspielraum ist dabei die gesamte Spannbreite zwischen den Haupt- und den Alternativzielen. Zugeständnisse bei Nebenzielen signalisieren dem Verhandlungspartner eine generelle Verhandlungsbereitschaft, sie zeigen Beweglichkeit und ebnen den Weg zum Erreichen des Hauptziels.

> Die Chance auf einen Verhandlungserfolg vergrößert sich, wenn neben dem Hauptziel auch mehrere Alternativziele definiert worden sind.

Führen Sie keine Verhandlung, ohne zuvor die Ziele genau definiert und entsprechende Argumente gesammelt zu haben! Denn erst auf einer klaren Definition aller Ziele kann sich eine souveräne und wirkungsvolle Argumentation aufbauen. Gut durchdachte Zielsetzungen sind der rote Faden, der Ihnen in Verhandlungen Sicherheit gibt und Sie vor unerfreulichen Überraschungen schützt. Empfehlenswert ist es, dazu eine Liste mit konkreten Haupt- und Alternativzielen zu erstellen und diese in der Verhandlung parat zu haben. Dabei gilt es nicht, die Liste von oben nach unten abzuarbeiten, sie dient vielmehr dem taktischen Manövrieren zwischen den jeweiligen Zielsetzungen.

Erfolgreiche Verhandlungen kennen keine Verlierer

Der Erfolg von Verhandlungen ist zudem damit verknüpft, dass die Beteiligten mit einer positiven Einstellung und mit der Absicht, in der Sache wirklich zu einer Einigung zu gelangen, in die Verhandlung hineingehen. Klarheit über den eigenen Standpunkt und die eigenen Interessen ist dabei natürlich unabdingbar. Doch gehört dazu gleichermaßen, dass auch der Standpunkt und die Argumentation des Verhandlungspartners akzeptiert und nachvollzogen werden.

Und wer mit einer solchen Einstellung in eine Verhandlung geht, wird darüber hinaus von seinen Gesprächspartnern auch als souveräne Persönlichkeit wahrgenommen, mit der selbst in diffizilen Situationen Lösungen gefunden werden können. So steigt mit jeder Verhandlung, die Vorteile für beide Seiten gebracht hat, ganz nebenbei auch die eigene Reputation. Genau dies ist auch das wichtigste Argument, das gegen den Einsatz unfairer, manipulativer und übertrieben harter Verhandlungsstrategien spricht: Für einen versierten Rhetoriker ist es zwar gewiss ein Leichtes, sein Gegenüber verbal über den Tisch zu ziehen und die gewünschten Entscheidungen herbeizuführen – allerdings zu einem hohen Preis, denn ein so übervorteilter Verhandlungspartner wird sich im Nachhinein über sich selbst ebenso wie über seinen Gesprächspartner ärgern. Damit finden dann künftige Verhandlungen mit dieser Person unter verschärften Bedingungen oder überhaupt nicht mehr statt. Denn wer mit einem Verhandlungspartner einmal schlechte Erfahrungen gemacht hat, wird ihm kein Vertrauen mehr schenken und ihn künftig wahrscheinlich sogar völlig meiden. Ob ein solcher Einmalerfolg dann tatsächlich als Erfolg gewertet werden kann, ist damit mehr als fraglich.

Denken Sie bei Ihren Verhandlungsgesprächen daher an die Grundintention jeder Verhandlung:

- Eine Übereinkunft soll zustande kommen, sofern nicht tatsächlich unüberwindbare Hindernisse auftreten.
- Mit dem Verhandlungsergebnis soll sich das Verhältnis zwischen den Parteien verbessern. Das Ergebnis darf die Beziehung zumindest nicht belasten.
- Die Übereinkunft soll praktikabel und effizient sein. Der Verhandlungsaufwand muss im Verhältnis zum Ergebnis stehen, und dieses muss auch in der Praxis umsetzbar sein. Hierbei gilt

es, die Interessenlagen aller Parteien im höchstmöglichen Maß zu erfüllen und bei Interessenkonflikten eine gerechte Lösung zu finden.

Sofern diese wesentlichen Voraussetzungen nicht erfüllt sind, arten Verhandlungen oft in ein Tauziehen um Positionen aus. Gerade harte Verhandlungspartner rühmen sich zuweilen mit der eisernen Unverrückbarkeit der eigenen Positionen. Hierdurch wird in erster Linie jedoch nur erreicht, dass man sich in den Positionen verfängt und der Beziehung zwischen den Verhandlungspartnern dauerhaften Schaden zufügt. Wenn Sie eine anstehende Verhandlung weitsichtig planen und einige Modalitäten im Vorfeld für sich klären, können Sie sich in der Verhandlung selbst auf das Wesentliche konzentrieren: die eigenen Interessen konsequent zu vertreten, ohne dabei gegen die Interessen des Partners zu handeln.

Dabei ist es völlig natürlich, wenn sich in der Verhandlung beim Aufeinandertreffen unterschiedlicher Standpunkte Diskussionen und Kontroversen entwickeln. Oft ist an dieser Stelle jedoch der weitere Verhandlungsverlauf entscheidend. Beachten Sie daher die folgenden Tipps:

- Oft ist es ratsam, weniger selbst zu reden, mehr zuzuhören und Fragen zu stellen, um damit das Geschehen in eine bestimmte Richtung zu lenken.
- Nehmen Sie Einwände vorweg, bevor Ihr Gegenüber die Schwachpunkte aufdeckt. Wer sein Gegenüber aufmerksam beobachtet, kann meistens schon anhand von Mimik und Gestik erkennen, dass dem Partner ein Einwand schon auf der Zunge liegt.
- Betonen Sie zwischendurch immer wieder Gemeinsamkeiten. Wenn Sie einen Schritt weitergekommen sind, halten Sie den Teilerfolg in einem Zwischenresümee fest.
- Nageln Sie Ihr Gegenüber jedoch nicht auf bestimmte Äußerungen fest, lassen Sie ihm immer taktvolle Rückzugsmöglichkeiten.

- Mehrere kleine Zugeständnisse sind eine gute Strategie, um einen entscheidenden Vorstoß einzuleiten.
- Beginnen Sie nicht sofort mit dem stärksten Argument, jedoch auch nicht mit einem sehr schwachen. Achten Sie darauf, dass Sie Ihr Pulver nicht zu früh verschießen, behalten Sie Reserven.
- Beantworten Sie verbale Angriffe niemals mit einem Gegenangriff. So läuft der Angriff Ihres Gegenübers ins Leere.
- Kontrollieren Sie vor allem Ihr eigenes Verhalten, nicht das Verhalten des Partners.

Denken Sie bei allen Verhandlungen daran: Einen Sieg auf Kosten anderer zu erringen birgt immer die Gefahr, dass man selbst auf der Verliererseite landet. Sobald es um Sieg oder Niederlage geht, ist es ein aussichtloses Unterfangen, die Interessen beider Parteien zu berücksichtigen. Eine gelungene Verhandlung ist also kein Duell, in dem es um einen persönlichen Triumph geht. Vielmehr geht es darum, das Gegenüber nicht als Gegner, sondern als Partner zu sehen. Nur dann ist ein für beide Seiten zufriedenstellendes Ergebnis überhaupt möglich. Die beste Verhandlung ist eine Verhandlung, aus der alle Beteiligten als Gewinner hervorgehen. In einer Verhandlung ist es daher letztlich unerheblich, wer recht hat, was zählt, ist eine für beide Seiten zufriedenstellende Lösung.

3.3 Klar und deutlich Nein sagen

Meist sind es ganz alltägliche Dinge, die sich schließlich zu einem handfesten Konflikt ausweiten. Manchmal reicht schon ein einziges Wort: Ja. Jeder Mensch hat das Recht und oft gute Gründe, Anliegen, Aufgaben, Aufträge und Bitten abzulehnen. Doch Nein zu sagen fällt vielen Menschen schwer. Und Sie kennen aus eigener Erfahrung sicher selbst die Situation, dass man manchmal vorschnell etwas zusagt, zu dem man lieber Nein sagen sollte. Doch statt klar und deutlich Nein zu sagen, wenn es die Situation erfordert, fangen wir häufig an, uns umständlich aus der Situation herauszureden, oder wir sagen einfach Ja, bloß um einen Konflikt zu vermeiden. Doch in Wahrheit wird der Konflikt nicht vermieden, sondern nur aufgeschoben. Denn wer sich ständig Dinge aufbürdet, für die Zeit und Energie fehlen, wird seinen Ärger irgendwann auch zum Ausdruck bringen – und dabei vermutlich über das Ziel hinausschießen und vor allem vergessen, dass man selbst ganz einfach hätte Nein sagen können.

Viele haben Angst, die Beziehungsebene zum Gegenüber zu gefährden und (persönliche) Ablehnung zu erfahren, zum Beispiel Sympathie einzubüßen oder jemanden zu verärgern beziehungsweise zu enttäuschen, und sind deshalb vorschnell mit einem Ja dabei. Manch einer lässt sich einfach auch überrumpeln und sagt spontan zu, ohne die Folgen im Detail und in ihrer Gänze wirklich bedacht zu haben. Oder es ist ein typischer Fall von falsch verstandener Diplomatie, die einen zum Jasager werden lässt. – Dabei würde ein geschickter Diplomat ganz anders vorgehen und nur das zusagen, was er auch halten kann und will.

Die Kommunikation hält einige Möglichkeiten bereit, mit denen Sie ein Nein verbindlich anbringen, ohne einen Gesprächspartner vor den Kopf zu stoßen.

- Beginnen Sie damit, nicht gleich Ja zu sagen. Lassen Sie sich nicht überrumpeln oder in die Enge treiben.
- Nehmen Sie sich grundsätzlich etwas Zeit zum Nachdenken und bitten Sie den Fragenden, ein paar Minuten, oder bei Bedarf auch länger, auf die Antwort zu warten.
- Machen Sie eine Bestandsaufnahme: Was genau ist das Anliegen? Habe ich überhaupt genügend Kapazitäten frei, um der Bitte nachzukommen? Habe ich Lust, das zu tun? Welche Dinge könnten eventuell darunter leiden, dass ich diese zusätzlichen Aufgaben übernehme? In welcher Beziehung stehe ich zu dem Fragenden? Welche Auswirkungen hätte eine mögliche Ablehnung?

- Formulieren Sie ein Nein eindeutig und unmissverständlich, führen Sie keine fadenscheinigen Begründungen an. So vermeiden Sie, dass Ihr Gegenüber doch noch versucht, Sie zu überreden.
- Wenn Sie das Nein begründen, fällt es dem Gesprächspartner oft leichter, es zu akzeptieren.
- Zeigen Sie Verständnis für das Anliegen. So wirkt die Absage nicht wie eine Ablehnung der Sache selbst, sondern verdeutlicht, dass Sie echte Gründe für Ihr Nein haben.
- Wenn Sie Ersatzvorschläge oder alternative Lösungsansätze haben, können Sie dem Fragenden unter Umständen auf diese Weise weiterhelfen.

Diese Möglichkeiten können dabei helfen, sich selbst zu „erlauben", Nein zu sagen. Denn sie zielen darauf ab, die Beziehungsebene möglichst unbeschadet zu lassen und die Sache selbst trotz einer Zurückweisung ernst zu nehmen, ohne dabei die eigenen Bedürfnisse zu vernachlässigen.

An dieser Stelle bietet sich übrigens eine kleine Gegenprobe an: Wie reagieren Sie selbst, wenn Sie auf eine Bitte ein Nein als Antwort bekommen? Können Sie das Nein akzeptieren, ohne verletzt zu sein? Oder versuchen Sie, den anderen doch noch zu einem Ja zu überreden?

3.4 Kritikgespräche – unbeliebt, jedoch notwendig

Eine konstruktive und partnerschaftliche Herangehensweise ist für den Verlauf und den Erfolg von Kritikgesprächen von großer Bedeutung.

Wo Menschen zusammen leben oder arbeiten, gibt es auch Anlass zur Kritik. Da es auf Dauer nichts bringt, die Kritikpunkte herunterzuschlucken, muss die Angelegenheit lieber früher als später im Gespräch geklärt werden. Kritikgespräche erfordern jedoch besonders viel Fingerspitzengefühl, da sie insbesondere für den zu Kritisierenden äußerst unerfreulich sind und in der Regel störende

Verhaltensweisen oder Fehler zur Sprache kommen. Damit ein Kritikgespräch überhaupt positive Resultate bringen kann, ist eines ganz entscheidend – nämlich die eigene innere Einstellung, mit der die Kritik vorgebracht wird. Schließlich ist derjenige, der kritisiert wird, in der Defensive und daher in einer sehr argwöhnischen Haltung. Er hat also sehr feine Antennen dafür, ob der Kritisierende mit seiner Kritik innerlich auf seiner Seite steht oder doch eher die Absicht hat, ihn zu bestrafen und ihn kleinzumachen. Schon die Vermutung, dass hinter der Kritik eine feindselige Intention stecken könnte, führt zu einer Abwehrhaltung. Vor jedem Kritikgespräch sollten Sie sich daher zwei Fragen stellen: Ist die Kritik überhaupt berechtigt? Und soll die Kritik tatsächlich dazu dienen, den anderen zu stärken, anstatt ihn nur kleinzumachen? Nur wenn Sie beide Fragen mit Ja beantworten, werden Sie mit dem Kritikgespräch positive Effekte erzielen. Und das gilt übrigens für den privaten Bereich ebenso wie für den beruflichen.

Die acht Prinzipien konstruktiver Kritikgespräche

Findet ein Kritikgespräch unter den genannten positiven Vorzeichen statt, können Sie durch das Gespräch viel erreichen. Konstruktiv geübte Kritik stärkt die Beziehung der Gesprächspartner, löst oder verhindert Konflikte und deckt Fehler der unterschiedlichsten Art auf. Kritikgespräche können aber auch entgleiten und, falsch geführt, heftige Konflikte verursachen. Entscheidend ist immer die Art, wie ein Konfliktgespräch geführt wird. Erfolg und Misserfolg von Kritikgesprächen können nahe beieinander liegen. Manchmal entscheiden gerade die Zwischentöne und scheinbaren Randbemerkungen darüber, welche Wirkung mit der Kritik erzielt wird. Halten Sie sich bei Kritikgesprächen an die folgenden Prinzipien, damit Sie das Problem tatsächlich lösen, statt es ungewollt noch zu verstärken.

1. Sprechen Sie über die Sache, nicht über den Menschen

Im Mittelpunkt eines Kritikgesprächs steht immer ein konkreter Sachverhalt, ein bestimmtes Fehlverhalten oder ein lokalisierbarer Fehler – und niemals eine Person. Kritik darf also nicht als persönliche Attacke formuliert werden. Wenn sich Vorwürfe gegen die Person richten, werden Abwehrhaltung und Gegenangriffe provoziert. Kritik, die auf eine Person – und nicht auf das konkrete situative Verhalten – fokussiert ist, kann nur als negativ empfunden werden. Es geht also einzig und allein um die Sache.

2. Kritisieren Sie nicht unverhältnismäßig

Kritik ist keine Konfrontation von Gegnern. Unsachliche und überzogene Kritik verfehlt ihr Ziel und führt zu Verkrampfung, Angst oder Resignation. Übermäßige Kritik führt zu Trotzhandlungen oder bewirkt, dass der Kritisierte – vor lauter Angst, etwas falsch zu machen – sein Potenzial nicht mehr aktivieren kann. Auch kann unsachliche Kritik so stark demoralisieren, dass sich der Gesprächspartner künftig überhaupt keine Mühe mehr geben will (was sich übrigens gerade im beruflichen Kontext fatal auswirkt). In beiden Fällen ist Kontaktvermeidung ein weiteres Resultat der falsch angebrachten Kritik. Auch ist zu berücksichtigen, unter welchen Umständen Fehler passiert sind: Ein Fehler, der sich in hektischen Phasen der Überlastung einschleicht, ist – selbst wenn es sich um einen schwerwiegenden Fehler handelt – sicher nachsichtiger zu bewerten als häufig wiederkehrende Fehler, die auf mangelnde Sorgfalt oder völliges Desinteresse zurückzuführen sind.

3. Kritik ist klar und verständlich

Die Ursache der Kritik muss im Gespräch möglichst exakt und klar verständlich beschrieben werden. Wer die Katze nicht aus dem Sack lassen will, wird kaum positive Effekte erzielen. Sprechen Sie den Fehler daher direkt und offen an und nicht über drei Ecken. Nur zu sagen, dass „etwas" falsch gemacht wurde, ohne dabei spezifische Einzelheiten zu nennen, wirkt demoralisierend und verursacht nur Irritation.

Gerade wenn es um wiederkehrende Verhaltensweisen geht, kann es sehr hilfreich sein, zuerst die Sache im Allgemeinen anzusprechen, um sie anschließend mit einem aussagekräftigen Beispiel genauer zu veranschaulichen.

4. Bieten Sie Lösungen an

Der Sinn der Kritik ist es, eine Veränderung zum Positiven zu erwirken. Keinesfalls geht es darum, den Gesprächspartner abzuwerten oder ihm die Schuld für etwas in die Schuhe zu schieben. Die Kritik ist ein Mittel zur Behebung eines Problems, sie öffnet die Tür zu neuen Möglichkeiten und Alternativen. Im Kritikgespräch wird gemeinsam nach Lösungen gesucht, wobei der Kritisierende ebenso gefragt ist wie der Kritisierte. Kritik muss folglich auch Vorschläge zur Verbesserung beinhalten.

5. Geben Sie dem Kritisierten Gelegenheit zur Stellungnahme

Wer kritisiert wird, muss die Gelegenheit bekommen, den Vorfall aus seiner Perspektive zu beschreiben. Oft stellen sich die Dinge schließlich anders dar, als wir zunächst vermutet hatten. – Wird in einer persönlichen Beziehung oder auch in einem Unternehmen eine faire Gesprächskultur und offene Kommunikation gepflegt und die Kritik entsprechend sachbezogen vorgebracht, dann wird der Kritisierte auch bereit sein, Fehler einzugestehen. Auf dieser Grundlage lassen sich die besten Lösungen finden.

6. Zögern Sie nicht zu lange damit, den Kritikpunkt anzusprechen

Kritik ist am wirkungsvollsten, wenn Sie möglichst unmittelbar nach einem Fehlverhalten erfolgt. Ein zu großer Zeitverzug lenkt von der Sache ab. Jeder Vorfall ist im Moment des Geschehens und gleich danach am gegenwärtigsten. Spätere Rückentsinnungen führen oft zu verzerrten Ansichten und zu Irritationen, weil der direkte Bezug verloren gegangen ist. Und oft führt gerade das Abwarten und Herunterschlucken von angezeigter Kritik zu unvorhersehbaren Situationen. Platzt die Kritik beispielsweise erst dann heraus, wenn das Fass übergelaufen ist, geht die Sachlichkeit zumeist verloren – die plötzliche Kritik wird dann als Affront gewertet.

7. Kritikgespräche finden unter vier Augen statt

Kritikgespräche finden immer unter vier Augen und niemals vor Dritten statt. Das Vier-Augen-Gespräch erhöht die Nachdrücklichkeit entscheidend und ist weitaus effektiver als Kritik, die vor versammelter Mannschaft geübt wird. Es sollte grundsätzlich vermieden werden, einen Menschen in Anwesenheit von Dritten zu kritisieren.

8. Konstruktive Kritik erfordert Fingerspitzengefühl und diplomatisches Geschick

Ein effektives Kritikgespräch erfordert immer etwas Geschick, denn niemand lässt sich gerne kritisieren. Zumal jeder Mensch unterschiedlich ist und anders reagiert. Gerade im Kritikgespräch ist deshalb Einfühlungsvermögen gefragt. Wir müssen uns also darauf einstellen, was wir sagen und wie wir es sagen – und natürlich zu wem. Ein guter Kritiker stellt sich auf sein Gegenüber ein und ist in der Lage, den jeweils richtigen Ton zu treffen. Eine sensible Natur muss gewiss anders behandelt werden als ein robuster, selbstbewusster Mensch, den man schon lange kennt.

Nach einem auf diese Weise geführten Kritikgespräch kommt es schließlich noch auf den Gesprächsabschluss an. Beachten Sie, dass auch die emotionale Ebene genügend berücksichtigt wird. Haken Sie ruhig noch einmal nach und stellen Sie sicher, dass die gefundenen Lösungen auch tatsächlich akzeptiert werden. Sie und Ihr Gesprächspartner müssen von den besprochenen Maßnahmen gleichermaßen überzeugt sein. Groll oder Verärgerung müssen mit dem Kritikgespräch ein Ende finden – ansonsten ist das Gespräch missglückt. Am Ende eines konstruktiven Kritikgesprächs sollten immer positive Gefühle stehen. Zeigen Sie einem einsichtigen Gesprächspartner, dass Sie sich freuen, die Sache geklärt zu haben, und dass die Angelegenheit hiermit für Sie erledigt ist. Aus einem guten Kritikgespräch gehen beide Seiten gestärkt und erleichtert hinaus. Schließlich wurden Konflikte und Konfliktpotenziale abgebaut und Lösungen für belastende Probleme gefunden.

3.5 Schlechte Nachrichten bleiben schlechte Nachrichten – Diplomatie hin oder her!

Diplomatie ist schön und gut, jedoch manchmal sinnlos. Wenn es zum Beispiel darum geht, eine schlechte Nachricht zu überbringen. Da bringt es nichts, um den heißen Brei zu reden und das Ganze in Watte zu verpacken. Im Gegenteil: Wer eine schlechte Nachricht zu schonend rüberbringt, macht es nur noch schlimmer. Es gibt einfach keine Möglichkeit, eine schlechte Nachricht so zu umschreiben, dass daraus eine gute Nachricht wird. Diplomatie macht es hier nur noch schlimmer!

Derartige Ansichten sind zum Thema Diplomatie noch recht verbreitet – insbesondere im beruflichen Kontext. Allerdings beziehen sich solche Meinungen auf falsch verstandene Diplomatie. Denn Diplomatie heißt keineswegs, dass Fakten verschleiert, schöngeredet oder nur nett verpackt werden, und bedeutet erst recht nicht, dass falsche Hoffnungen geweckt werden. Im Gegenteil, Diplomatie und eine faire Gesprächsführung führen gerade deshalb zum Ziel, weil auch unerfreuliche Dinge unverhohlen ausgesprochen werden – jedoch so, dass ohnehin schwierige Situationen nicht unnötig emotional aufgeheizt werden. Das heißt, eine diplomatische und faire Kommunikation berücksichtigt die Perspektive des Gegenübers; sie ist dabei klar und von persönlicher Wertschätzung getragen. Unnötige Härte, Vorwürfe oder Schuldzuweisungen sind jedoch nicht mit ihr vereinbar. Vielmehr geht es darum, beispielsweise auch schlechte Nachrichten in der jeweils konstruktivsten Form zu kommunizieren. Und Kommunikation ist immer dann am wirkungsvollsten, wenn es um die Sache geht, während die Gefühle des Gesprächspartners zugleich respektiert werden. Das Ziel ist einfühlsame Sachlichkeit, denn wenn die Emotionen überkochen, ist ein lösungsorientiertes Gespräch oft nicht mehr möglich. Und wenn es eine schlechte Nachricht zu überbringen gilt, bringt es natürlich nichts, um den heißen Brei herumzureden und die Tatsachen kunstvoll zu verschleiern – im Gegenteil.

Wer eine schlechte Nachricht auszusprechen hat, kann natürlich sein persönliches Bedauern ausdrücken und es auch zeigen. Auch sollten Sie besonders nachsichtig sein, wenn Ihr Gesprächspartner sehr emotional reagiert. Andererseits müssen beide Gesprächspartner den Tatsachen ins Auge schauen. Es hilft nichts, herumzudrucksen und die schlechte Botschaft hinauszuzögern. Sie muss klar und konsequent – dabei in Anbetracht der Folgenschwere der Situation – ausgesprochen werden. Begründen Sie Ihre Entscheidung, bleiben Sie aber beim Kern der Sache; Abschweifungen sind hier fehl am Platz. So machen Sie es dem Gesprächspartner nicht schwerer, als es ohnehin schon ist – und Ihr Gesprächspartner wird zwar verärgert oder enttäuscht über die Sachlage sein, kann Ihnen persönlich jedoch letztlich nichts vorwerfen. Das ist eine gute Grundlage für die Zukunft, wenn es vielleicht wieder bessere Nachrichten zu überbringen gibt.

> **Diplomatisches Geschick hilft Ihnen dabei, auch schlechte Nachrichten direkt und klar zu äußern, ohne den Gesprächspartner dabei zu verletzen.**

4. | Konfliktlösung im Gespräch

Ob nun zu wenig, zu viel oder das Falsche gesagt wird: Das persönliche Verhalten im Gespräch hat einen erheblichen Anteil daran, ob Konflikte entstehen, wie lange sie ungelöst vor sich hin schwelen und ob sie schließlich eskalieren. Meinungsverschiedenheiten sind eine völlig alltägliche Sache, die wir beinahe ständig erleben, auch unter den besten Freunden und Kollegen oder in der Familie: Der eine meint dies, der andere denkt das. Das ist so lange unproblematisch, wie beide akzeptieren, dass man eben eine andere Sichtweise hat und sie aus ehrlicher Überzeugung vertritt. Sehr oft ist die eigene Toleranzfähigkeit jedoch begrenzt, wenn es darum geht, Meinungen oder auch Vorgehensweisen zu akzeptieren, die im Gegensatz zu den eigenen Überzeugungen stehen.

> Werden Meinungsverschiedenheiten und Konflikte nicht sachlich gelöst, droht schon nach kurzer Zeit eine Eskalation.

Dann können alltägliche Meinungsverschiedenheiten schnell in einen persönlichen Konflikt umschlagen, weil sich Gesprächspartner persönlich angegriffen und entwertet fühlen. In diesen Fällen liegt eine sogenannte subjektiv empfundene Störung der Gleichwertigkeit vor, die der Ausgangspunkt nahezu aller Konflikte ist. In der Folge geht es letztlich gar nicht mehr um die Sache, also um den Inhalt des Streits, sondern um persönliche Gefühle. Damit ist eine erste Eskalationsstufe des Konflikts erreicht, und die Kommunikation zwischen den Parteien wird durch diese „subjektiv empfundene Störung" belastet.

Mit der nächsten Eskalationsstufe kommt es bereits zur Verhärtung des Konflikts, wobei die Parteien eine rigorosere Haltung annehmen und sich auch nicht scheuen, die Verbalkeule zu schwingen. Von jetzt an werden härtere Geschütze aufgefahren, um die eigenen Interessen durchzusetzen. Die Kommunikation wird verletzend, und es gelingt kaum noch, ein Gespräch auf die Sache zurückzuführen. Die Parteien ziehen sich zurück und schaffen vollendete Tatsachen, anstatt miteinander zu reden. Damit ist der Machtkampf eröffnet. Spätestens ab jetzt wird es schwierig, die Streitenden wieder zurück auf den Teppich zu holen. Vielmehr besteht die Gefahr der völligen Eskalation, die so weit gehen kann, dass sich die Kontrahenten „eine Lösung der Gegensätze bei gleichzeitiger Existenz des Feindes im Grunde nicht vorstellen"[1] können. Weitaus leichter, als derart verhärtete Fronten wieder zu klären, ist es, in eine gute Konfliktprophylaxe zu investieren. Aus diesem Grunde zahlt sich auch die diplomatische Vorgehensweise aus – denn eine bewusste und faire Kommunikation spart viel Zeit und Energie, die aufgebracht werden müssen, um die Wogen wieder einigermaßen zu glätten (was auch nicht in jedem Fall gelingt).

Nun verläuft die Kommunikation zwischen Menschen längst nicht immer reibungslos; gegensätzliche oder voneinander abweichende Meinungen sind sogar eher die Regel als eine Ausnahme, und Konflikte lassen sich kaum vermeiden. Es ist auch gar nicht erstrebenswert, möglichst jeden Konflikt zu verhindern, denn Konflikte sind durchaus sinnvoll und können im besten Fall auch positive Folgen haben. Dafür ist jedoch entscheidend, wie man mit Meinungsverschiedenheiten und Konflikten umgeht. Das Ziel ist immer eine konstruktive Lösung des Problems, denn nur diese kann nachhaltig und für alle Beteiligten zufriedenstellend sein. Jeder Mensch steht deshalb vor der Aufgabe, den Umgang mit Konflikten und Auseinandersetzungen positiv zu beeinflussen, um negative Folgen und das Eskalieren von Konflikten zu vermeiden. Das gilt für private Konflikte und erst recht für Konflikte im beruflichen Kontext. Um diese Aufgabe bewältigen zu können, ist es erforderlich, zunächst die grundlegenden Merkmale von Konflikten zu kennen und Maßnahmen zur Konfliktbewältigung in die Gesprächsführung und in die Kommunikation allgemein einfließen zu lassen.

---

1   Glasl, Friedrich: Konfliktmanagement – Ein Handbuch für Führungskräfte, Beraterinnen und Berater. Stuttgart: Verlag Freies Geistesleben 2011, S. 292.

4.1 Konflikt ist nicht gleich Konflikt

Unter einem Konflikt wird das Aufeinandertreffen von zwei miteinander unvereinbaren Handlungstendenzen verstanden, wobei zwei oder mehrere Personen einander widersprechende Handlungspläne verfolgen. Den betreffenden Personen ist dabei (in der Regel) bewusst, dass sie gegnerische Positionen vertreten. – Diese Definition beschreibt die Grundkonstellation aller Konflikte zwischen zwei oder mehreren Personen. Wohin sich diese Konstellation entwickelt und zu welchem Ergebnis die Auseinandersetzungen im Rahmen des Konflikts führen, ist zunächst völlig offen und hängt von der Art und Weise ab, wie der Konflikt konkret gehandhabt wird.

Bleibt der Konflikt längere Zeit unerkannt und damit ungelöst, hat dies oft erhebliche Auswirkung auf das gesamte Umfeld der betreffenden Personen. So werden aus anfänglich kleinen Problemen unversehens ernsthafte Schwierigkeiten, von denen schließlich weitaus mehr Personen betroffen sind als nur die zwei Konfliktbeteiligten. Wenn Konflikte erst einmal eine Weile unter der Oberfläche brodeln – was alles andere als selten der Fall ist –, verbrauchen sie dabei eine Menge Energie, die dann an anderer Stelle fehlt. Zwar können einige Menschen solche Zustände erstaunlich lange ertragen, doch viele Menschen werden von solchen Situationen buchstäblich krank, oder sie explodieren schon nach kurzer Zeit, um den angestauten Druck zu entladen. In jedem Fall wird das Klima beispielsweise bei der Arbeit im Büro oder zu Hause in der Familie durch ungelöste Konflikte beeinträchtigt und schweren Belastungen ausgesetzt. Das gilt nicht nur für die Stimmung bei den Konfliktparteien selbst, sondern gleichermaßen für deren Umfeld. (Die Freundeskreise von Ehepaaren, zwischen denen ungelöste Konflikte schwelen, könnten sicherlich ebenso ein Lied davon singen wie die Kollegen von

> Ungelöste und eskalierende Konflikte belasten immer auch das Umfeld der direkt am Konflikt Beteiligten.

Teammitgliedern, die einen unausgefochtenen Streit mit sich herumtragen.) Entbrennt schließlich ein (offener) Konflikt zwischen den unmittelbar Beteiligten, sind in fast allen Fällen auch weitere Menschen davon direkt betroffen.

Die zwischenmenschlichen Auswirkungen der Konflikte sind dabei sehr vielfältig, denn die gegenseitige Wahrnehmung verändert sich unter Umständen dramatisch: Die vom Konflikt Betroffenen nehmen verstärkt wahr, worin man sich unterscheidet und wo die Unvereinbarkeiten liegen. Die Gemeinsamkeiten treten in den Hintergrund oder verschwinden ganz. Misstrauen, Argwohn, Resignation und sogar offene Feindseligkeit bestimmen das Miteinander. Und statt zu kooperieren, sind die Beteiligten nur noch auf die eigenen Interessen fixiert und lehnen jegliche Zugeständnisse rigoros ab. Dann wird bewusst getäuscht und verzerrt oder irreführend kommuniziert, werden Kleinigkeiten aufgebauscht oder Informationen absichtlich vorenthalten.

Die teils sehr starken Gefühle, die dann mit den Konflikten einhergehen, kommen jedoch nicht selten erst auf Umwegen zum Ausdruck. So ist es beispielsweise gut möglich, dass bei einem Betroffenen Gefühle wie Angst, Ärger, Wut, Hass, Neid, Eifersucht, Machtlosigkeit, Unterlegenheit, Handlungsunfähigkeit oder Resignation aufkommen. Doch werden die Emotionen nicht direkt gezeigt, sondern treten nach außen ganz anders in Erscheinung und zeigen sich in destruktiven Verhaltensweisen wie beispielsweise Trödeln, Vergessen, Verweigern, Erpressung, Flucht in die Krankheit, Denunziation, Verleumdung, Ignoranz usw. Dadurch wiederum kommt es zu Konfrontationen in Form von Aufbegehren, Aggression, Spitzen, Ironie, Kränkung, Rechthaberei, Besserwisserei, Herabsetzung, Unterdrückung oder Missachtung.

In Anbetracht solcher Negativspiralen wird schnell klar, dass Konflikte eine große emotionale Belastung für alle mittelbar und unmittelbar Beteiligten darstellen. Dauerhaft ungelöste Konflikte sind also sehr schmerzhaft und können Ängste auslösen. Das

führt zu erheblichen Beeinträchtigungen auf gleich mehreren
Gebieten: Die persönliche Verfassung der Betroffenen, die Beziehungen der Beteiligten untereinan-
der und zu anderen Mitgliedern der Gruppe, das
(Arbeits-)Klima und selbst einzelne Handlungen
werden mehr oder weniger stark in Mitleiden-
schaft gezogen. Die negativen Auswirkungen sind
damit enorm, sodass es im Interesse jedes Menschen liegt, Konflikte konstruktiv und nachhaltig zu
lösen. – Und dafür braucht es Gespräche, denn eine Konfliktlösung ohne klärende Gespräche ist schlichtweg nicht möglich.

> Konflikte lösen
> sich nicht von selbst;
> klärende Gespräche
> sind unerlässlich.

Allerdings kann es nun auch nicht das Ziel sein, Konflikte um jeden Preis zu verhindern. Vielmehr kommt es darauf an, Konflikte
zu erkennen, sie zu akzeptieren und anschließend zu bewältigen.
Denn Konflikte sind nicht grundsätzlich destruktiv, sie können
auch positive Effekte haben:

- **Aus Konflikten entstehen Lösungen und neue Ideen:** Aus
  dem Verlauf einer Auseinandersetzung kristallisieren sich
  neue Sichtweisen heraus, die oft zu kreativen und völlig neuen
  Lösungen führen.
- **Konflikte führen zu Verständnis und Akzeptanz:** Oft werden
  unterschiedliche Ansichten, Meinungen und Zielsetzungen,
  die zweifellos immer vorhanden sind, erst infolge eines bewäl-
  tigten Konflikts akzeptiert. Die konstruktive Verarbeitung von
  Konflikten ermöglicht es außerdem, fruchtbare Impulse aus
  diesen Unterschieden zu erhalten.
- **Konflikte führen zu positiven Veränderungen:** Konflikte
  stellen Althergebrachtes und Bewährtes auf den Prüfstand und
  sind so wichtiger Impulsgeber für Veränderungsprozesse und
  Weiterentwicklungen, denn Veränderungen sind nicht selten das Ergebnis von Konflikten, in denen Neues gegen Altes
  durchgesetzt wird.

Konfliktarten

Diese positiven Seiten sollen nicht davon ablenken, dass an einem ungelösten Konflikt kaum etwas Gutes ist. Um nun eine wirkungsvolle Strategie zur Lösung von Konflikten entwickeln zu können, ist es erforderlich, sich zunächst im Klaren darüber zu sein, um welche Art von Konflikt es sich überhaupt handelt. Wird dieser Punkt vernachlässigt, ist es nicht möglich, den wahren Kern der Auseinandersetzung zu erkennen. In der Folge kommt es bei Lösungsversuchen dann häufig nur zu Scheinlösungen oder im Extremfall sogar zu einer Verschärfung des Konflikts. Deshalb ist es wichtig, die Konfliktarten und ihre Unterscheidungsmerkmale zu kennen:

1. Sachkonflikte

In Sachkonflikten sind sich die Konfliktparteien uneinig darüber, wie oder womit ein Ziel am besten zu erreichen ist. Das Ziel selbst ist dabei unstrittig. Ein simples Beispiel aus dem privaten Alltag: Über das Ziel des sonntäglichen Familienausflugs herrscht Einigkeit, nur an der Frage des geeigneten Verkehrsmittels – Auto oder Bahn – entzündet sich ein Konflikt. Derartige Konflikte sind zunächst schnell als solche erkennbar und können dann mithilfe einer sachlichen Diskussion (Vor- und Nachteile beider Verkehrsmittel werden diskutiert und abgewogen) gelöst werden. Es besteht jedoch die Gefahr, dass sich hinter einem vermeintlichen Sachkonflikt in Wahrheit ein Beziehungskonflikt verbirgt. Vordergründig geht es dann zwar um einen konkreten Sachverhalt, im Hintergrund stehen jedoch zum Beispiel Machtkämpfe (weil der Familienvater – ganz unabhängig von Gegenstand der Auseinandersetzung – nicht schon wieder in einem Streit mit seiner Frau den Kürzeren ziehen will) oder andere Beziehungsstörungen (wie eine zurückliegende Kränkung, die nun mit Unnachgiebigkeit vergolten wird). Treten zwischen zwei Parteien häufig Sachkonflikte auf, ist dies ein Hinweis darauf, dass dahinter eine Beziehungsstörung liegen könnte und die vordergründig sachlichen Uneinigkeiten nicht die tatsächlichen Gründe für die Konflikte sind.

Die Wechselwirkungen zwischen den beiden Konfliktarten Sach-
und Beziehungskonflikt sind zumeist sehr verzweigt: Aus Sachkonflikten entwickeln sich schnell Beziehungskonflikte, und
Beziehungskonflikte werden oft verdeckt auf der Sachebene ausgetragen. Eine sorgfältige Entflechtung ist für eine Konfliktlösung
zwingend erforderlich. Handelt es sich um einen echten Sachkonflikt, lässt sich dieser mit systematischen Problemlösungsmetho-
den klären.

2. Beziehungskonflikte

Die Klärung von Beziehungskonflikten hingegen ist oft deutlich
schwieriger, denn hier geht es nicht um objektiv analysierbare
Sachprobleme, sondern vielmehr um die Ausprägung der sozialen Beziehungen. Beziehungskonflikte entstehen dadurch, dass
eine Gruppe oder ein Individuum andere missachtet, abwertet,
kränkt oder verletzt. Die verletzenden Verhaltensweisen können
dabei sowohl bewusst als auch unbewusst stattfinden und sind in
ihrer Gestalt sehr vielfältig. Eine rein inhaltliche Auseinandersetzung mit einzelnen Vorfällen führt hier nicht zur Konfliktlösung, vielmehr müssen auf einer übergeordneten Ebene die Moti-
ve für die jeweiligen Verhaltensweisen lokalisiert werden. Gerade
bei Beziehungskonflikten hat es sich bewährt, eine dritte Person
zur Schlichtung einzuschalten. Ein solcher Mediator oder Streitschlichter vermittelt hierbei – ohne Partei zu ergreifen – zwischen
den Streitenden unter Berücksichtigung der jeweils verschiedenen
Interessenlagen. Immer ist jedoch auch ein persönliches Engagement der Konfliktbeteiligten unerlässlich.

3. Wertkonflikte

Wenn persönliche Wertvorstellungen, Prinzipien oder Grundsätze nicht miteinander vereinbar sind, liegt ein Wertkonflikt vor.
Solche Konflikte entstehen auch dann, wenn bestimmte Zielsetzungen nicht mit den gewählten Mitteln in Einklang gebracht
werden können. Dann müssen Ziele, Methoden, Prinzipien und

Vorstellungen grundsätzlich überdacht werden, um einen Konsens zu finden. Wertkonflikte können nicht systematisch oder durch persönliches Engagement gelöst werden wie Sach- oder Beziehungskonflikte. Sie erfordern einen Konsens oder die Entscheidung einer legitimierten Person oder eines solchen Gremiums. Ein Wertkonflikt liegt vor, wenn wir mit dem Verhalten (meist einer uns nahestehenden Person) nicht einverstanden sind und sie gern zu einer Verhaltensänderung bewegen möchten. Wiederum eignet sich das Beispiel mit dem Familienausflug: Ein Sachkonflikt liegt vor, wenn über die Wahl des Verkehrsmittels aus rein sachlichen Gründen debattiert wird: Mit dem Auto ist die Fahrt vielleicht bequemer, mit der Bahn dafür schneller. Wenn einer der Beteiligten nun jedoch die Bahn wegen seines umweltbewussten Verhaltens vorzieht, der Umweltgedanke dem anderen jedoch fern ist, handelt es sich um einen Wertkonflikt.

4. Innere Konflikte

Innere Konflikte entstehen häufig infolge anderer Konfliktarten. Sach-, Beziehungs- oder Wertkonflikte verursachen dabei einen zusätzlichen Konflikt, einen sogenannten Suprakonflikt, der für die Betroffenen oft sehr quälend ist und eine zusätzliche Belastung darstellt. So ist dem Familienvater aus dem oben genannten Beispiel durchaus klar, dass er den Streit mit seiner Frau nur gewinnen will, um nicht schon wieder zu verlieren, und dass es ihm gar nicht mehr um die Sache geht. Dafür schämt er sich vor sich selbst. Doch er kann nicht aus seiner Haut, da die gekränkte Eitelkeit stärker ist als die vernünftige Einsicht. Das erzeugt einen inneren Konflikt, der nur schwer zu lösen ist. Auch Rollenkonflikte sind häufig Ursache für innere Konflikte. Wenn zum Beispiel ein Vorgesetzter und ein Mitarbeiter privat miteinander befreundet sind, fällt es dem Vorgesetzten manchmal schwer, diesen Mitarbeiter beispielsweise zu kritisieren, da seine berufliche Rolle zu seiner privaten Rolle als Freund im Gegensatz steht. Derartige Konflikte lassen sich in der Regel nur dann lösen, wenn auch die entsprechenden Basiskonflikte identifiziert und gelöst werden.

Mögliche Konfliktursachen

Die konkreten Ursachen für Konflikte sind sehr vielfältig. Und in der Regel wirkt nicht nur eine Ursache, sondern gleich ein ganzes Netz unterschiedlicher Ursachen und Auslöser. Konfliktursachen sind zum Beispiel:

- unterschiedliche Wertvorstellungen,
- unfaire Dialektik, schlechte Kommunikation,
- Informationsdefizite,
- intransparente Informationspolitik,
- Organisationsdefizite,
- Intoleranz,
- Konfliktvermeidung statt Konfliktlösung,
- Ungerechtigkeiten,
- Inkonsequenz,
- Entscheidungsschwäche,
- Unter- und Überforderung,
- Verantwortungsüberschneidungen,
- Misstrauen,
- persönliche Vorbehalte und Empfindlichkeiten,
- Machtkämpfe,
- Kompetenzgerangel,
- übersteigerter Ranganspruch,
- Unaufmerksamkeit.

Die Ursachen und Auslöser für Konflikte sind immer wieder verschieden und überdies nicht selten sehr komplex. Dennoch gestaltet sich der Verlauf von Konflikten in der Regel sehr ähnlich. Eine genaue Kenntnis der einzelnen Verlaufsschritte hilft, Konflikte zu erkennen und Konfliktgespräche gezielt einzusetzen. Der Verlauf von Konflikten kann in fünf Phasen eingeteilt werden:

1. Phase: Aus Unterschieden entstehen unterschiedliche Standpunkte

In der ersten Phase kristallisieren sich die Unterschiede in Wertvorstellungen, Interessen, Zielen etc. heraus, und es finden Debatten und Diskussionen über die verschiedenen Standpunkte statt.

2. Phase: Kontroversen und Hervorheben von Unterschieden

Es kommt vermehrt zu Kontroversen in Form von Diskussionen und Auseinandersetzungen, wobei sich die Gegensätzlichkeit der Positionen verfestigt. Nicht die Gemeinsamkeiten, sondern die Unterschiede werden in dieser Phase hervorgehoben. Die erkennbaren Differenzen verursachen negative Emotionen wie Ärger, Wut oder Enttäuschung. In dieser Phase besteht jedoch noch eine konstruktive Grundhaltung, und die Beteiligten gehen davon aus, dass die entstehenden Unstimmigkeiten und Spannungen lösbar sind.

3. Phase: Verhärtete Fronten

Erst jetzt beginnt die destruktive konflikthafte Entwicklung, die sich zum großen Teil in Kommunikationsstörungen zeigt. Die Positionen verhärten sich allmählich, Gespräche werden verweigert oder sind unproduktiv, und das Klima wird deutlich gereizter. Die vorher noch bestehenden Gemeinsamkeiten treten in den Hintergrund, und die konstruktive Grundhaltung schwindet zunehmend.

4. Phase: Eskalation

An dieser Stelle angelangt, ist die lösungsorientierte Einstellung der Beteiligten vollkommen verloren gegangen. Die Situation wird stattdessen von Misstrauen und Argwohn beherrscht. Die eigene Meinung wird als die alleingültige und einzig richtige dargestellt, vollendete Tatsachen werden den anderen Beteiligten präsentiert. Teilweise werden sogar Drohungen (zum Beispiel in Form von Sanktionen) ausgesprochen. Ohne Rücksicht auf andere werden nur noch die eigenen Interessen und Ziele verfolgt. Der Konflikt eskaliert.

5. Phase: Höhepunkt

Der Konflikt befindet sich nun auf dem Höhepunkt. Er ist weiter eskaliert und zu einer Art Kampf geworden. Die gegensätzlichen Positionen sind unverrückbar und werden rücksichtslos durchgesetzt, auch die Drohungen und Sanktionen werden jetzt in die Tat umgesetzt.

Meist liegt es am schlechten Kommunikationsverhalten, nicht oder falsch geführten Gesprächen und mangelnder sozialer Kompetenz, wenn ein Konflikt bis zur höchsten Stufe eskaliert. Ein bewusstes und konstruktives Kommunikationsverhalten und eine faire Gesprächsführung sind deshalb unverzichtbare Voraussetzung dafür, dass Konflikte bewältigt werden können.

4.2 Konstruktive Konfliktbewältigung

Viele Konflikte nehmen erst durch den Mangel an Konfliktfähigkeit bedrohliche Ausmaße an. Denn die meisten Menschen gehen einer Konfrontation mit Konflikten lieber aus dem Weg. Deshalb werden Konflikte zunächst oft auch über längere Zeiträume geleugnet und unterdrückt. Der Konflikt ist den Beteiligten zwar längst bewusst, doch fehlen sowohl der Mut als auch die Entschlossenheit, ihn offen auf den Tisch zu legen und eine Lösung zu suchen. Kurz, es mangelt an Konfliktfähigkeit. Dabei ist sie eine der wichtigsten persönlichen Voraussetzungen für die souveräne Bewältigung von Konflikten.

Konfliktfähigkeit heißt letztlich nichts anders, als in der Lage zu sein, die eigenen Standpunkte und Interessen klar zu artikulieren und entschlossen vorzubringen, ohne sich dabei für die Anliegen der Gegenseite zu verschließen. Ein konfliktfähiger Mensch sieht in der Differenz der eigenen Meinung und der Meinung seines Opponenten etwas Positives und ist gewillt, einen Konsens zu finden, der für beide einen Mehrwert bildet. Konfliktfähige Menschen gehen einer Auseinandersetzung nicht aus dem Weg, denn sie erleben Unterschiede als Bereicherung. Und ganz entscheidend ist: Sie setzen das Nachgeben in einer Angelegenheit nicht mit dem Verlust ihres Selbstwerts und einer persönlichen Niederlage gleich. Konfliktfähigkeit spricht daher für ein ausgeprägtes Selbstbewusstsein, während es die weniger selbstsicheren Menschen sind, die ohne Wenn und Aber auf ihrer Position beharren.

Ein Konflikt wird eskalieren, wenn wirkungsvolle Gegenmaßnahmen zu spät oder gar nicht ergriffen werden. Es kann jedoch nur dann gezielt eingegriffen werden, wenn der Konflikt überhaupt als solcher erkannt wird. Für Konflikte gibt es nun einige mehr oder weniger deutliche Warnsignale, die mit etwas Aufmerksamkeit auch ein frühzeitiges Erkennen ermöglichen. Und natürlich ist es wesentlich einfacher, einen erst in der Entstehung befindlichen Konflikt zu lösen, als einen Konflikt auf höchster Eskalationsstufe bewältigen zu wollen.

Warnsignale für schwelende Konflikte

- Die zwischenmenschlichen Beziehungen verschlechtern sich, die Kommunikation wird unpersönlich, kühl und distanziert.
- Das Verhalten im Gespräch nimmt unangenehme Züge an: Die Beteiligten fallen sich gegenseitig ins Wort, hören nicht mehr zu, bedienen sich eines aggressiven Untertons, reden abfällig und sarkastisch.

- Die gesamte Atmosphäre wird feindselig, gereizt und aggressiv. Es kommt zu Intrigen, Gerüchten, Ungeduld oder gegenseitigem Anklagen, dass Probleme nicht verstanden werden. Eine Einigung über Vorschläge und Probleme ist nicht mehr möglich.
- Informationen werden zurückgehalten oder „versehentlich" vergessen, Meinungen des anderen werden verdreht dargestellt, und seine Ideen werden abgeschmettert.
- Es wird gezielt nach Problemen und Hindernissen gesucht, Partei für jeden ergriffen, der gegen den Kontrahenten ist.
- Egal, worum es geht, es wird nicht mehr nachgegeben, stattdessen werden Vorwürfe gemacht, und es kommt zu Schuldzuweisungen.
- Im Beruf steigen Krankheits- und Fehlzeiten rapide an.
- Die Betroffenen sind desinteressiert, nicht mehr zur Kooperation fähig und zeigen kein Engagement.
- Die Verantwortungsbereitschaft lässt nach.
- Nebensächlichkeiten werden übertrieben und überbewertet.
- Verspätungen, Verzögerungen, Ausflüchte und fadenscheinige Entschuldigungen nehmen zu, ebenso Misserfolge und die Fehlerquote.
- Die Beteiligten suchen nach Verbündeten und bilden opportunierende Gruppen.

Spätestens wenn Sie solche oder ähnliche Phänomene und Entwicklungen beobachten, ist es Zeit, zu handeln.

Jetzt kommt es darauf an, sehr schnell einzugreifen und genau zu ergründen, welche Probleme, Schwierigkeiten oder Konflikte sich hinter diesen Verhaltensweisen der Beteiligten verbergen. Durch frühzeitig ergriffene Maßnahmen lässt sich ein Eskalieren der Konflikte häufig vermeiden, und der Schaden hält sich dementsprechend in Grenzen.

Das frühzeitige Erkennen von Konflikten erhöht die Chancen für eine erfolgreiche Konfliktbewältigung.

Nicht nur die verschiedenen Warnsignale geben Ihnen Hinweise auf entstehende oder bereits vorhandene (und verdeckte) Konflikte, auch eine umfassende Kenntnis des eigenen Konfliktverhaltens hilft Ihnen dabei, Konflikte und Konfliktpotenziale frühzeitig zu erkennen. Verschaffen Sie sich deshalb mittels einer kritischen Selbstreflexion und durch eingeholtes Feedback Einsichten darüber, wie Sie selbst mit Konflikten umgehen und wie Sie diese erleben. Sie werden daraus viele aufschlussreiche Hinweise erhalten, die es Ihnen ermöglichen, erste Anzeichen und Symptome von konfliktförderndem Verhalten beziehungsweise entsprechenden Konstellationen wahrzunehmen und zutreffend zu erkennen. Wenn Sie auf diese Weise ein gutes Gespür für Konfliktpotenziale entwickeln, können Sie häufig auch schon präventiv gegen Konflikte vorgehen.

Konfliktprophylaxe: Bei sich selbst beginnen

Mithilfe von systematischen Konfliktgesprächen und, in ausgeprägteren Fällen, mit Mediationsgesprächen können viele Konflikte, die von den Betroffenen selbst zuvor noch als unlösbar betrachtet wurden, geklärt werden. Dennoch ist es natürlich besser, unnötige Konflikte gar nicht erst aufkommen zu lassen. Das erfordert nicht nur eine bewusste Gesprächsführung, sondern ebenfalls einen bewussten Einsatz der eigenen Persönlichkeit. Das heißt konkret:

- Übernehmen Sie ganz bewusst die Verantwortung für Ihr eigenes Handeln.
- Vermeiden Sie alles, womit Sie Ihre persönliche Glaubwürdigkeit aufs Spiel setzen.
- Stehen Sie zu Ihren Zusagen und sagen Sie im Zweifelsfall eher Nein, als eine Zusage nicht einzuhalten.
- Nutzen Sie jede Gelegenheit, sich als vertrauenswürdig zu erweisen.
- Gehen Sie offensiv mit eigenen Fehlern um und gestehen Sie eigene Fehler offen ein, statt sie unter den Teppich zu kehren.

▪ Versuchen Sie, die Dinge nicht nur aus Ihrer eigenen Perspektive zu betrachten, und ziehen Sie stets auch Handlungsalternativen in Betracht.

Mit einem authentischen, verlässlichen und glaubwürdigen Auftreten legen Sie eine stabile Grundlage für ein konfliktfreies Miteinander. Dazu gehört natürlich auch die gekonnte Gesprächsführung, die von echtem Interesse, Einfühlungsvermögen und Offenheit dem Gesprächspartner gegenüber gekennzeichnet ist. Damit können Sie das Entstehen von Konflikten aktiv verhindern.

4.3 Konflikte im Gespräch lösen

Hat sich ein Konflikt manifestiert, kommt es darauf an, dass die Lösungsversuche möglichst systematisch verlaufen. Holzhammermethoden nach dem Motto „Raus mit der Sprache – jetzt schaffen wir das aber ein für alle Mal aus der Welt" sind in der Regel unangebracht und wenig hilfreich. Gute Konfliktlösungsgespräche verlaufen systematisch. Deshalb geht den Lösungsversuchen stets auch eine eingehende Analyse des Konflikts voraus. Durch die Analyse gewinnt man einen gewissen (emotionalen) Abstand zum Geschehen und kann sich auf der Metaebene ein sachliches Bild von der Situation machen. Grundvoraussetzung ist, dass der Konflikt an sich auch akzeptiert und nicht geleugnet oder heruntergespielt wird. Auf dieser Basis können gezielte Fragen und aufmerksames Zuhören Aufschluss geben über die Eigenschaften des vorliegenden Konflikts.

Suchen Sie vor dem Gespräch aussagekräftige Antworten auf folgende Fragen:
▪ Was ist der sachliche Gegenstand des Konflikts? Worum wird gestritten? Welches Problem gilt es zu lösen?
▪ Wer ist an dem Konflikt beteiligt?
▪ Welche Auswirkungen hat der Konflikt?

- Wo liegt der emotionale Anteil des Konflikts?
- Welche besonderen Empfindlichen gibt es bei den einzelnen Parteien?
- Was wurde bisher von den Beteiligten gesagt? Was haben sie dabei gemeint, und welche Botschaften kamen tatsächlich beim Gegenüber an?
- Welche Art von Konflikt liegt vor? Gibt es Vermischungen mit anderen Konfliktarten?

Für den Erfolg des Konfliktgesprächs ist eine bewusste und souveräne Gesprächsführung der ausschlaggebende Faktor. Da die Art und Weise, wie Konflikte und Konfliktlösungsprozesse gehandhabt werden, einen sehr starken subjektiven Eindruck hinterlässt, sind diese Prozesse für die zwischenmenschlichen Beziehungen ebenso bedeutsam wie das Ergebnis selbst. Die Folgen eines ungünstig verlaufenden Konfliktgesprächs dürfen deshalb nicht unterschätzt werden. Problematisch sind in diesem Zusammen hang auch vorschnelle Lösungsversuche. Schnelle Lösungen sind nicht immer die besten, denn vorschnell ergriffene Maßnahmen können die Nachhaltigkeit der Lösung verhindern.

> Nicht nur das Ergebnis, sondern auch der Verlauf eines Konfliktgesprächs hat Einfluss auf die Beziehung der Konfliktbeteiligten.

Bei kaum einer anderen Gesprächsform gilt der bekannte Grundsatz „Der Ton macht die Musik" in ähnlich ausgeprägter Weise wie bei einem Konfliktgespräch. Der Erfolg eines solchen Gesprächs hängt damit zu großen Teilen von Ihrem persönlichen dialektischen Geschick und Ihrem Einfühlungsvermögen ab – vor allem auch deshalb, weil Konfliktgespräche fast immer mit Befürchtungen in Verbindung stehen. Der eine fürchtet, auf Trotzreaktionen zu stoßen und die Situation durch das Gespräch womöglich noch zu verschlechtern oder zumindest nicht zu einer Verbesserung beitragen zu können; der andere fürchtet, im Gespräch an den Pranger gestellt zu werden und dass seine Sicht der Dinge nicht verstanden wird. Und alle Beteiligten fürchten in der Regel die direkte Konfrontation – mit dem Kontrahenten und mit dem eigenen bisherigen Verhalten. Als Folge werden Konfliktgespräche von beiden Seiten nur zu gern auf die lange Bank geschoben. Verschließen Sie dennoch nicht so lange die Augen, bis die Situation untragbar geworden ist. Gerade dadurch werden aus anfangs eher kleinen Problemen im Lauf der Zeit ernsthafte Schwierigkeiten, die dann nur noch mit großem Aufwand (wenn überhaupt) zu reparieren sind.

Nach der oben genannten Konfliktanalyse verläuft ein Konfliktgespräch systematisch in sechs Schritten und ist prinzipiell auf Kooperation und Verständigung ausgerichtet. Achten Sie bei allen Konfliktgesprächen peinlichst genau darauf, dass absolute Störungsfreiheit gewährleistet ist.

1. Vor dem Gespräch

Noch vor Beginn eines Gesprächs gilt es zunächst, die eigenen Emotionen unter Kontrolle zu bringen, um die Auseinandersetzung nicht emotional erregt, sondern sachlich und vernünftig führen zu können. Gönnen Sie sich vor dem Gespräch also eine Pause, in der Sie die gesamte Situation sachlich überdenken können.

2. Der Gesprächseinstieg

Beim Gesprächsanfang geht es vor allen Dingen darum, eine konstruktive und angemessene Gesprächssituation herzustellen. Höflichkeit, Aufrichtigkeit, Direktheit und auch die Gestaltung der Rahmenbedingungen (Störungen ausschließen, Zeitdruck vermeiden etc.) sind die Hauptelemente dieser Phase. Dies sind erste Schritte, um ein vertrauensvolles Gesprächsklima zu fördern und eine Beziehung zum Gesprächspartner herzustellen, damit die Lösungssuche gemeinsam vollzogen werden kann. Auch der Anlass des Gesprächs wird hier angesprochen und gleichzeitig geklärt, welches Ziel mit dem Gespräch verbunden wird.

3. Vertrauensbildung

Im dritten Schritt geht es primär um die Vertrauensbildung, schließlich ist das Vertrauen zwischen den Konfliktbeteiligten meist verloren gegangen oder zumindest beschädigt. Also ist es in dieser Phase besonders wichtig, sehr aufmerksam zu kommunizieren. Durch eindeutige Selbstaussagen beider Parteien zum Konfliktanlass – ohne in den direkten Dialog zu treten – wird gegenseitiges Verstehen erreicht. Dabei ist es wichtig, sehr präzise zu kommunizieren und dem Gegenüber aufmerksam zuzuhören: Aktives Zuhören und Nachfragen sollen Missverständnisse vermeiden. Bei der Darstellung des eigenen Standpunkts sollten Ich-Botschaften verwendet und Generalisierungen, Vorwürfe, Appelle und vorgezogene Lösungsvorschläge unbedingt vermieden werden. – Ein guter Übergang zur nächsten Phase ist es, nun die positiven Seiten des Konflikts zu erörtern, also in Worte zu fassen, welche Erfahrungen und Lehren Sie aus dem Konflikt ziehen können oder welche positiven Folgen sich aus der Konfliktlösung ergeben können.

4. Konfliktdialog

In diesem Schritt wird der tatsächliche Konfliktdialog vollzogen. Ziel ist es, gemeinsam eine Lösung zu finden, die das Problem löst und für beide Seiten einen Gewinn darstellt. Entscheidend ist, dass die Aussprache unter gegenseitiger Wertschätzung stattfindet, auch die Akzeptanz der verschiedenen Standpunkte, der Bedürfnisse und Interessen des Gegenübers hat hier eine große Bedeutung. Es geht darum, den Sachverhalt und die emotionalen Gründe des Konflikts zu klären, die Hintergründe zu beleuchten und so auf den Kern des Konflikts zu stoßen. Dabei sind Provokationen unbedingt zu vermeiden. Versuchen Sie stattdessen, die Interessen Ihres Gegenübers zu verstehen. Denn hinter Standpunkten stecken immer Interessen. Und ein Interessensausgleich ist sehr viel einfacher zu erzielen als das Aufgeben von Standpunkten. Deshalb ist es wichtig, zu erfahren, welche Interessen Ihr Gesprächspartner hat. Warum vertritt er diese oder jene Position? Was steckt dahinter? – Sprechen Sie jedoch auch Ihre eigenen Interessen offen aus. Versuchen Sie, anschließend gemeinsame Interessen zu finden. Eine solche Überschneidung von Interessenlagen ist der beste Ansatzpunkt für eine Konfliktlösung. Nun können auch die verbliebenen strittigen Punkte diskutiert werden. In dieser sensiblen Phase des Gesprächs kommt es darauf an, auch weiterhin konstruktiv bei der Sache zu bleiben und sich nicht von den eigenen Emotionen überwältigen zu lassen. Die gemeinsamen Interessen sind eine gute Grundlage, auf der sich eine Konfliktlösung entwickeln lässt, mit der beide Seiten zufrieden sind.

5. Vereinbarungen treffen

Mit der fünften Phase endet das Gespräch. Hier werden gemeinsam Vereinbarungen getroffen und die gefundenen Lösungen abgesichert. Dazu werden die bisherigen Gesprächsergebnisse zusammengefasst, Wünsche geäußert, bewertet und für die praktische Umsetzung konkretisiert. Die Absprachen werden noch einmal ausdrücklich zusammengefasst und fixiert, dann wird das weitere Vorgehen vereinbart. Wichtig ist hierbei, die Details genau zu besprechen und nicht voreilig zu einem Abschluss zu kommen.

6. Rückblick

Der letzte Schritt betrifft die Situation nach dem Gespräch. Nehmen Sie sich etwas Zeit, um sich persönlich mit dem Gesprächsergebnis auseinanderzusetzen, es zu verarbeiten und zu akzeptieren. Dazu gehört auch, dass etwaige Rachegefühle aufgelöst und Enttäuschungen verarbeitet werden. Es geht darum, der Vereinbarung innerlich aufrichtig zuzustimmen.

Ziel eines so verlaufenden Konfliktgesprächs ist es, eine Konfliktlösung ohne Verlierer zu erreichen. Denn in Konflikten prallen immer unterschiedliche Interessenlagen aufeinander. Dies ist grundsätzlich mit der Intention verknüpft, die eigenen Bedürfnisse durchzusetzen, die dabei in eindeutiger Opposition zu den

Bedürfnissen der Kontrahenten stehen. Wer sich hier nun am nachdrücklichsten behauptet, kann in der Regel seine Interessen durchsetzen. Die Folge: Es gibt einen Gewinner und einen Verlierer der Auseinandersetzung. Das Verhaltensmuster, unbedingt einen Sieg davontragen zu wollen, ist kennzeichnend für viele Konflikte und verhindert oftmals eine faire Lösung.

Bei der Konfliktbewältigung im Gespräch kommt es daher darauf an, festgefahrene Strukturen zu lösen und dabei das Gewinner-Verlierer-Verhalten zu vermeiden. Dieses Verhalten ist für eine der streitenden Parteien immer unbefriedigend und hat zudem die negative Begleiterscheinung, dass der Gewinner (vom Triumphgefühl) angespornt wird, sich in künftigen Konflikten noch unnachgiebiger zu verhalten. Bei der Konfliktlösung sollte stattdessen immer eine Win-win-Situation geschaffen werden. Hierbei werden Konflikte für beide Seiten gewinnbringend ausgetragen, weil eine für beide Seiten gleichermaßen akzeptable Lösung gefunden wird. So entstehen auch keine destruktiven Wechselwirkungen, die sich aus Sieg und Niederlage ergeben würden.

> Bei der Konfliktbewältigung ist eine Win-win-Strategie viel erfolgversprechender als das Streben nach einem (meist kurzfristigen) Sieg über den Kontrahenten.

Nicht immer sind Gesprächspartner in der Lage, im Gespräch den Konflikt beizulegen. In diesen Fällen ist es ratsam, einen Streitschlichter oder Mediator einzuschalten. Mediatoren erhalten eine professionelle Ausbildung und werden inzwischen in den verschiedensten Bereichen erfolgreich eingesetzt. Als neutrale Dritte helfen sie dabei, unter Einhaltung einer verständigungsorientierten Gesprächsführung die inhaltliche Auseinandersetzung konstruktiv auszutragen, um Einigungsoptionen zu finden, die die Interessen beider Seiten berücksichtigen und eine nachhaltige Lösung sichern.

In vielen Fällen ist es jedoch schon hilfreich, wenn eine neutrale dritte Person zwischen den Kontrahenten vermittelt. Doch in der

Praxis scheuen viele Menschen noch davor zurück, einen professionellen Mediator in Anspruch zu nehmen, obwohl hierbei fast immer
sehr gute Ergebnisse erzielt werden. In Unternehmen ist es daher oft
eine zusätzliche Aufgabe der Führungskräfte, die Konfliktmedia-
tion zu übernehmen. Im privaten Bereich übernimmt eine solche
Aufgabe oft eine vertrauenswürdige Person. In beiden Fällen sind
ein ausgeprägtes kommunikatives Geschick und das erforderliche
Fachwissen Voraussetzungen für den Erfolg der Mediation.

4.4 Konfliktmediation – der neutrale Dritte

Sind die Fronten zwischen den Konfliktparteien dermaßen ver-
härtet, dass ein konstruktives Gespräch zur Konfliktlösung nicht
mehr möglich erscheint, lässt sich der Konflikt
nur noch mithilfe eines Mediators beilegen. Aufgabe der Mediation ist es, die Konfliktbeteiligten zusammenzubringen, damit sie gemeinsam
eine konstruktive Lösung finden. Der Mediator
nimmt dabei eine neutrale Position ein und entscheidet nicht darüber, wer im Recht ist – selbst
dann nicht, wenn seine persönliche Meinung eindeutig ausfällt. Der Mediator wahrt also bewusst
Distanz und tritt lediglich als Vermittler auf.
Wenn Sie selbst, beruflich oder privat, als Mediator fungieren, übernehmen Sie also eine sehr schwierige Aufgabe.

> Sind die Kon-
> fliktparteien selbst
> nicht (mehr) zu einer
> konstruktiven Kon-
> fliktbewältigung in
> der Lage, ist es sinn-
> voll, einen Mediator
> einzuschalten.

Eine der wichtigsten Aufgaben eines Mediators ist es, den Konfliktbeteiligten neue Perspektiven aufzuzeigen und sie dazu zu
animieren, festgefahrene Sicht- und Verhaltensweisen zu durchbrechen. Die Konfliktparteien sollen dazu gebracht werden, ihren Streit von außen zu betrachten, um so einen neuen Blick fürs
Ganze zu erhalten. Das ist deshalb wichtig, weil die Betroffenen
die Tragweite und Bedeutung ihres Konflikts meist stark über-
schätzen. Was die Beteiligten als essenziell erleben, erweist sich

für Außenstehende eher als Lappalie. Der Mediator sorgt daher als neutrale Person für einen freien Blick auf die Fakten. Dafür wird er zunächst versuchen, die Streitenden von ihrem Disput zu distanzieren. Das gelingt oft schon mit einigen gezielten Fragen wie beispielsweise: „Was glaubst du, denken wohl Außenstehende über euren Konflikt?" oder „Wie wirst du wohl in einem Jahr über diesen Streit denken?" So manchem Streithahn geht allein dadurch schon ein Licht auf, und der Disput erscheint ihm schnell weit weniger dramatisch, als er ihn bisher wahrgenommen hat.

Der Verlauf eines Mediationsgesprächs ähnelt dem Konfliktlösungsgespräch. Der Unterschied liegt vor allem darin, dass ein neutraler Dritter als Vermittler auftritt, der auch die Gesprächsführung übernimmt. Wenn Sie in einem Konflikt die Funktion eines Mediators übernehmen, ist es unerlässlich, dass Sie sich vor der Mediation mit allen wichtigen Informationen zum Konflikt versorgen. Befragen Sie dafür in Vorgesprächen nicht nur die Beteiligten selbst, sondern auch deren Umfeld. Bringen Sie dabei auch in Erfahrung, was bisher unternommen wurde, um den Konflikt beizulegen, und woran die Maßnahmen gescheitert sind.

1. Die Regeln festlegen

Legen Sie zu Beginn des Mediationsgesprächs die Regeln fest, beispielsweise:

- Sie alle wollen sich ganz auf die aktuelle Situation konzentrieren und nicht auf Vergangenem herumreiten.
- Persönliche Angriffe sind nicht gestattet.
- Es geht nicht darum, die Schuldfrage zu klären.
- Wer spricht, darf ausreden, es sei denn, der Mediator unterbricht ihn.

Lassen Sie sich von den Beteiligten zusichern, dass sie diese Regeln akzeptieren und befolgen wollen. Bringen Sie diese Punkte zügig über die Bühne, damit sich keine Diskussion über Spielregeln entwickelt. Machen Sie außerdem darauf aufmerksam, dass Sie einen

Sprechenden unterbrechen werden, um zum Thema zurückzuleiten, falls es zu Abschweifungen kommt. Sichern Sie den Beteiligten schließlich noch Ihre absolute Diskretion zu – und halten Sie sich unbedingt daran.

2. Den Konflikt konkretisieren

Klären Sie nun, worin der Konflikt besteht. Was auf den ersten Blick trivial erscheint, erweist sich in der Praxis als weniger einfach, da ein und derselbe Konflikt von den Beteiligten sehr unterschiedlich wahrgenommen werden kann. Lassen Sie die Konfliktparteien ihre jeweilige Sichtweise der Dinge formulieren. Es geht hier vor allem darum, dass alle Beteiligten verstehen, was den Konflikt für die Streitenden jeweils genau ausmacht.

3. Interessen klären und neue Perspektiven ermöglichen

Bereits bei der Konkretisierung des Konflikts werden erste Schleier fallen. Oft sind die Kontrahenten sehr überrascht, weil sie „all dies" ja gar nicht geahnt haben. Denn sie werden jetzt erstmals ehrlich erfahren, wie die andere Seite die Sache beurteilt. Schon das führt dazu, verhärtete Fronten ein wenig aufzuweichen. Gleichzeitig treten dabei die Interessen der Streitenden zutage, manche davon werden sich dabei sogar als sehr ähnlich oder gar deckungsgleich erweisen. Und auch wenn sich die Interessenlagen an einigen Stellen weiterhin unterscheiden, wird doch meist deutlich, dass die jeweiligen Interessen nicht unbedingt im Widerspruch zueinander stehen. Hierzu können Sie als Mediator gezielte Fragen stellen und dabei immer wieder die Perspektive von außen mit ins Spiel bringen: „Was glauben Sie, was sich Ihre Kollegen / Ihre Freunde wünschen, wie Sie nun mit dem Konflikt umgehen?" So werden die Beteiligten weiter angeregt, die Perspektive des jeweils anderen zu verstehen. Dabei wird die Streitenden mehr und mehr das Gefühl beschleichen, dass sie sich mit ihrer Streiterei auf Dauer wenig Freunde und sogar lächerlich machen – was die Motivation, die Angelegenheit endlich beizulegen, noch deutlich verstärkt.

4. Gemeinsamkeiten hervorheben und Aktivität fordern

Inzwischen dürften alle Beteiligten recht genau wissen, wer warum welche Standpunkte vertritt und welche Interessen damit in Verbindung stehen. Dabei haben sich meist auch einige Übereinstimmungen herauskristallisiert; diese sollten vom Mediator nochmals ausdrücklich betont werden: „Ich kann also festhalten, dass Sie sich beide wünschen, zu einer Einigung zu kommen. Außerdem denken Sie beide, dass es am besten wäre ... Außerdem sind Sie sich bereits einig darüber, dass ..."

Wichtig ist, dass Sie hierbei deutlich machen, dass sich beide Kontrahenten bewegen müssen, um zu einer Lösung zu gelangen. Denn es ist nicht damit getan, passiv abzuwarten und zu hoffen, dass der andere nachgibt. Beide Parteien müssen aktiv werden. Machen Sie also klar, dass bereits Gemeinsamkeiten bestehen, eine Lösung jedoch nur durch das eigene Dazutun der Konfliktbeteiligten gefunden werden kann.

5. Konfliktlösung

Bei der Mediation gilt der Grundsatz, dass die Konfliktparteien die Lösung selbst erarbeiten. Ihre Aufgabe als Mediator ist es, an entscheidenden Punkten nachzuhaken, falls wichtige Aspekte übersehen wurden, und, wenn erforderlich, einige Denkanstöße zu geben. Stellen Sie dabei ganz konkrete Fragen:

- „Wie wollen Sie jetzt ganz genau vorgehen, und wie sieht der nächste Schritt aus?"
- „Was können Sie dabei außerdem berücksichtigen?"
- „Woran könnte dieser Lösungsweg scheitern?"

6. Konsens

Bevor nun ein Konsens formuliert wird, auf den sich beide Parteien festlegen, muss sichergestellt werden, dass die Kontrahenten mit der Lösung sowohl einverstanden als auch zufrieden sind. Falls der eingeschlagene Lösungsweg noch größere Hürden birgt, ist es die Aufgabe des Mediators, darauf hinzuweisen. Achten Sie außerdem darauf, dass auch festgelegt wird, wie die getroffene Vereinbarung kontrolliert werden kann und wie die Beteiligten künftige Folgekonflikte vermeiden wollen. In beruflichen Mediationsgesprächen sollte die Lösung schriftlich festgehalten werden. Dabei wird auch notiert, wer was bis wann zu erledigen hat.

7. Umsetzung in der Praxis

Leider erweist sich nicht alles, was am runden Tisch miteinander besprochen wird, später auch als praxistauglich. Deshalb wird die getroffene Vereinbarung zunächst als Test betrachtet. Die Lösung wird zwar vereinbarungsgemäß umgesetzt, die Kontrahenten haben jedoch die Möglichkeit, noch Verbesserungs- und Änderungsvorschläge einzubringen, falls sich die besprochene Vorgehensweise als nicht praxistauglich erweisen sollte. Vereinbaren Sie daher gleich einen Folgetermin, der in zwei, vier oder sechs Wochen stattfinden kann.

4.5 Das Beste ist es doch, von Anfang an Tacheles zu reden!

Bei heiklen Diskussionen gehe ich sofort auf Konfrontationskurs, wenn ich anderer Meinung bin. Die Dinge sofort und unverblümt auszusprechen stellt die Standpunkte klar; und hinterher kann keiner behaupten, man hätte doch nichts gesagt. Wenn der Gesprächspartner von Anfang an weiß, woran er ist, entstehen auch keine Konflikte.

Tatsächlich bringt es nichts, mit der eigenen Meinung ständig hinter dem Berg zu halten. Und es ist weit vorteilhafter, seine Bedenken direkt zu äußern, als sie später womöglich hinter vorgehaltener Hand herumzutratschen. So gesehen stimmt es, dass weniger Konflikte entstehen, wenn Einwände zeitnah und deutlich geäußert werden. Doch kommt es dabei natürlich auf die Form an. Im Rahmen einer fairen Gesprächsführung, bei der die Argumente – des einen und des anderen – sehr gut abgewogen werden, ist es empfehlenswert, die eigenen Standpunkte nachdrücklich zu vertreten. Wer allerdings die eigene Meinung von vornherein für die einzig richtige hält, provoziert damit natürlich Konflikte. Und schon aus reiner Gewohnheit auf Konfrontationskurs zu gehen ist schlichtweg kontraproduktiv.

Ein souveräner Umgang mit Konflikten bedeutet in vielen Fällen eben nicht, dass man etwas Bestimmtes sagt oder tut, sondern kann vielmehr auch bedeuten, sich selbst etwas zurückzuhalten. In konfliktträchtigen Situationen kommt es darauf an, konstruktiv und verständnisvoll statt belehrend zu kommunizieren und ausschließlich auf Angriff gepolt zu sein. Es ist jedoch gar nicht so einfach, in hitzigen Momenten bestimmte Dinge nicht zu sagen und einen provozierenden Tonfall zu vermeiden. Doch genau das ist ein besonders wirkungsvolles Instrument der Konfliktbewältigung. Sagen Sie Ihrem Gesprächspartner deshalb nicht bei jeder Gelegenheit,

- was er ist beziehungsweise nicht ist;
- was er tun soll beziehungsweise nicht tun soll;
- wie er sein sollte;
- was er einzusehen hat.

Auf diese Weise lassen sich viele Konflikte von vornherein vermeiden, zumal fast jeder Konflikt auf die sogenannte subjektiv empfundene Störung der Gleichwertigkeit zurückzuführen ist. Am Anfang steht also eine Kränkung, Verärgerung oder Abwertung. Und nur, wer bewusst und weitsichtig kommuniziert, kann hier frühzeitig gegensteuern und wird so viele Konflikte vermeiden. Schon aus Prinzip den Konfrontationskurs einzuschlagen ist sicher nicht der richtige Weg.

5. | Wie Sie unfaire Gesprächspartner ausbremsen

Der Verlauf von Gesprächen ist selbst für den besten Dialektiker nicht bis ins Detail vorhersehbar. Und sogar Profis tun sich manchmal schwer damit, ein Gespräch zum Ziel zu führen. Denn für den tatsächlichen Gesprächsverlauf ist ein Faktor in hohem Maße mitentscheidend – nämlich Ihr Gesprächspartner mitsamt seiner aktuellen Verfassung, seinen Launen, seiner inneren Einstellung und individuellen Persönlichkeit. Das Verhalten und die Reaktionen Ihres Gegenübers können Sie nur bedingt vorhersehen, sodass Sie unter Umständen auch mit unerwarteten Finessen konfrontiert werden. Deshalb ist es wichtig, für viele Eventualitäten gewappnet zu sein.

Leider verlaufen längst nicht alle Gespräche nach den Regeln partnerschaftlicher Kommunikation, denn nicht immer sind die Gesprächsbedingungen optimal, und nicht immer halten sich alle Beteiligten konsequent an die Grundsätze einer fairen Gesprächsführung. Zudem versuchen einige Gesprächspartner, sich durch den Einsatz bestimmter Tricks der Kampfrhetorik einen Vorteil zu verschaffen. Und so mancher greift auch aus reiner Bosheit zur Verbalkeule, um es seinem Gegenüber möglichst schwer zu machen. Das Arsenal unfairer Gesprächsmethoden ist reich bestückt, und für nahezu jede Situation finden sich die entsprechenden Waffen, um dem Gegenüber im Gespräch einen Tiefschlag zu versetzen. Und noch immer glauben einige Menschen, sich mit derartigen Methoden am besten durchsetzen zu können. Dass es sich hierbei um einen folgenschweren Trugschluss handelt, dürfte bereits klar geworden sein – die Frage ist jedoch: Was mache ich, wenn ich es in

> Wenn Sie auf Provokationen im Gespräch mit einem Gegenangriff antworten, hat Ihr Gegenüber sein Ziel meist bereits erreicht.

wichtigen Gesprächen mit einem Gegenüber zu tun bekomme, der auf Kampfrhetorik statt auf faire Gesprächsführung setzt?

Die faire Kommunikation ist grundsätzlich partnerschaftlich und auf beiderseitiges Verstehen ausgerichtet. Das Ziel ist eine Verständigung in der Sache ohne unnötige Reibungsverluste. Deshalb geht es auch in Auseinandersetzungen, Diskussionen oder Verhandlungen nicht um den persönlichen Sieg und das unbedingte Durchsetzen der eigenen Position auf Kosten des Gesprächspartners, sondern um das Überzeugen in der Sache, sodass beide Seiten das Ergebnis des Gesprächs verstehen und akzeptieren können.

Manche Gesprächspartner sind nun jedoch nicht so weitsichtig; sie greifen zu unfairen Methoden und nutzen dabei alle zur Verfügung stehenden Mittel. Eine Gemeinsamkeit unfairer Mittel ist, dass es letztlich immer darum geht, direkt oder indirekt die Persönlichkeit des Gegenübers anzugreifen. Ziel der Angriffe ist es, die Glaubwürdigkeit, Kompetenz und Souveränität des Gesprächspartners zu untergraben, ihn zu verunsichern, aus dem Rhythmus zu bringen und zu unüberlegten Antworten oder Reaktionen zu verleiten. Die gewählten Methoden sind dabei unterschiedlicher Art, mal sehr subtil, dann wieder eher dreist. Und gern werden sie auch miteinander kombiniert.

Wer auf solcherlei Angriffe und Provokationen reagiert, indem er selbst zu unfairen Mitteln greift und einen Gegenangriff startet, spielt dem Gegenüber den Sieg sozusagen direkt in die Hände. Denn die Sache selbst wäre von diesem Moment an nicht mehr Gegenstand des Gesprächs, und der Angreifer hätte sein Ziel erreicht. Wer jedoch die Regeln der fairen Dialektik kennt, hat zahlreiche Möglichkeiten, um selbst hartgesottene Gesprächspartner mit ihren Attacken ins Leere laufen zu lassen.

5.1 Wenn Ihr Gesprächspartner zu unfairen Mitteln greift

Wer unfaire Methoden im Gespräch einsetzt, will von der ursprünglichen Sache, dem Inhalt des Gesprächs oder der Verhandlung, ablenken und den Gesprächspartner persönlich diskreditieren. Die bewusste Erkenntnis, dass Ihr Gegenüber unfaire Methoden einsetzt, ist die erste und wichtigste aller Abwehrmaßnahmen.

Nicht selten geht man allzu vertrauensselig in ein Gespräch hinein und bemerkt dann erst viel zu spät, dass der Gesprächspartner diese Blauäugigkeit gnadenlos ausnutzt. Kommunizieren Sie also von Anfang an aufmerksam. Sobald Sie bemerken, dass unfaire Mittel zum Einsatz kommen, werden Sie nicht arglos darauf hereinfallen. Zeigen und sagen Sie Ihrem Gesprächspartner, dass Sie seine Methoden entlarvt haben.

> Grundsätzlich gilt: Bleiben Sie selbst stets sachlich und höflich und lassen Sie sich nicht zu Gegenangriffen provozieren. Entlarven Sie unfaire Methoden Ihres Gesprächspartners und führen Sie das Gespräch konsequent zur Sache zurück.

Sprechen Sie die hinter den unfairen Mitteln liegenden Interessen an und kommen Sie dann wieder auf den Inhalt des Gesprächs, auf die Sachebene, zurück. Wenn dezente Hinweise nicht helfen, sprechen Sie nochmals unmissverständlich an, dass Sie die unfaire Strategie Ihres Gesprächspartners durchschaut haben. Betonen Sie, dass Sie konstruktiv über Inhalte sprechen wollen. Bleiben Sie dabei sachlich und höflich. Denn wer Sie mit unfairen Mitteln verbal angreift, hat schließlich zum Ziel, Sie aus der Reserve zu locken und es auf eine direkte Kraftprobe ankommen zu lassen. Also ist es entscheidend, dass Sie selbst Ihre Emotionen unter Kontrolle halten und sich nicht provozieren lassen. Versuchen Sie, den Menschen und das Problem getrennt voneinander zu behandeln. Bleiben Sie ruhig und höflich. Wenn Sie sich zu Vergeltungsschlägen hinreißen lassen, führt dies entweder zur Eskalation der Situation oder Ihr Gegenüber hat sein Ziel damit bereits erreicht, Sie aus der Fassung gebracht zu haben. Denn wenn Sie selbst unsachlich und emotional reagieren, beweisen Sie damit nur Ihre Verunsicherung – und genau das will Ihr Gegenüber erreichen, denn das verschafft ihm immer neue Angriffspunkte. Bleiben Sie also betont höflich und besonnen, geben Sie Ihrem Gegenüber jedoch verbal und nonverbal deutlich zu verstehen, dass Sie seine Methoden durchschaut haben und dass Sie sich ganz bewusst entscheiden, selbst ein anderes Niveau an den Tag zu legen. Haben Sie Ihren Gesprächspartner entlarvt, wird er meist auch die Waffen fallen lassen und zum Gegenstand des Gesprächs zurückkehren.

Diese Methode können Sie universell und in allen Gesprächen einsetzen, in denen Ihr Gesprächspartner es auf die unfaire Tour versuchen will. Je nachdem, wie er dabei vorgeht, stehen Ihnen zusätzliche Abwehrmöglichkeiten zur Verfügung. Deshalb geht es im Folgenden um effektive Gegenmaßnahmen, wenn Ihr Gesprächspartner ...

... mit Killerphrasen um sich wirft

Auf der Hitliste unfairer Mittel stehen Killerphrasen ganz oben. Die einen werfen mit Totschlagargumenten à la „Darum geht es nicht!" um sich, ohne es überhaupt zu merken; die anderen nutzen sie ganz gezielt, weil es mit Killerphrasen oft gelingt, den Gesprächspartner sprachlos zu machen und jeden Widerspruch im Keim zu ersticken. Weil Killerphrasen nun einmal zum Standardrepertoire unfairer Gesprächspartner gehören, ist es bereits sehr hilfreich, sich vor jedem wichtigen Gespräch darauf einzustellen, dass sie früher oder später fallen könnten. Damit gehen der Überraschungseffekt und somit auch eine wesentliche Ursache für die Wirksamkeit von Killerphrasen verloren.

„Sie müssten doch wissen, dass ...!" – „Das ist nicht machbar!" – „Dazu fehlt Ihnen die Erfahrung!" – „Das können Sie nicht beurteilen!" usw. – Killerphrasen tauchen in vielfältiger Gestalt auf, folgen jedoch immer demselben Muster. Deshalb ist es letztlich auch nicht schwierig, sie zu erkennen und angemessen darauf zu reagieren. Sie haben folgende Möglichkeiten:

1. Nachfragen

„Das ist nicht machbar!"
„Aus welchen Gründen ist das nicht machbar?"

Ziel der Nachfrage: Der Angreifer soll sein Totschlagargument sachlich präzisieren, was für ihn oft schwierig ist und ihn selbst in Bedrängnis bringt. Zudem dürften viele Versuche der Präzisierung sachlich leicht zu widerlegen sein.

2. Auf die Sachebene zurückführen

„Darum geht es nicht"!
„Ich werde Ihnen gern den Zusammenhang erläutern: …"

Ziel der Erwiderung: Direkt zum Gegenstand des Gesprächs zurückkehren, ohne der Killerphrase weitere Beachtung zu schenken.

3. Metakommunikation

„Dazu fehlt Ihnen die Erfahrung!"
„Ihre Totschlagargumente bringen uns nicht weiter, im Gegenteil, sie stören uns dabei, eine Einigung zu erzielen."

Ziel der Metakommunikation: Der Angreifer wird entlarvt, was insbesondere bei Gruppengesprächen schnell Wirkung zeigt, da kaum jemand als destruktiver Störer gelten möchte. Bleiben Sie jedoch auch jetzt betont sachlich und sprechen Sie nur darüber, welches Vorgehen warum stört und Ihrer Meinung nach unangemessen ist.

... mit Drohungen und Erpressungen agiert

„Wenn Du das machst, dann ..." – Drohungen dieser Art sind alles andere als eine Seltenheit und haben zum Ziel, den Gesprächspartner zu verunsichern, indem Druck auf ihn ausgeübt wird. Die Drohung wird dabei letztlich auch als Machtdemonstration eingesetzt, um so die Position des Drohenden zu stärken.

Drohungen vergiften das Gesprächsklima, weshalb es wichtig ist, umgehend einzugreifen. Sprechen Sie die Drohung sofort in einer Ich-Formulierung an, beispielsweise so: „Das verstehe ich als Drohung, und angesichts von Drohungen fällt es mir schwer, zu einem Ergebnis zu kommen. Das ist für uns beide von Nachteil." Sie können außerdem oder zusätzlich nach dem Warum fragen, also danach, warum es Ihrem Gesprächspartner logisch erscheint, auf Vorschlag A („Wenn ...") unbedingt mit B („Dann ...") reagieren zu müssen, und dabei andere Alternativen herausarbeiten.

... Zeitdruck aufbaut

Es ist ein beliebtes Mittel unfairer Taktierer, vom Kern des Gesprächs abzulenken, indem sie Zeitdruck aufbauen. Das gilt insbesondere für Verhandlungen und Kritikgespräche. Denn gerade in schwierigen Gesprächen werden die meisten Zugeständnisse während des letzten Viertels gemacht. Deshalb hat es Methode, die heiklen Punkte erst sehr spät anzusprechen, um Sie unter Zeitdruck zu Zugeständnissen zu bewegen – die Sie unter Umständen später bereuen werden. Diese Gefahr ist besonders hoch, wenn für ein Gespräch oder eine Verhandlung nur ein klar definierter Zeitraum zur Verfügung steht. Das ist im beruflichen Kontext oft der Fall, da Gespräche in der Regel Teil eines engen Zeitplans sind, der nicht verrückbar ist, weil zum Beispiel ein Beteiligter eigens für das Gespräch angereist ist und später noch einen Zug oder Flug erreichen will.

Der Zeitdruck-Taktik können Sie am besten begegnen, indem Sie frühzeitig Pufferzeiten einplanen und Ihren Gesprächspartner nicht darüber informieren, dass Ihre Zeit begrenzt ist. Wenn Ihr Gesprächspartner die Diskussion bestimmter Punkte auffällig häufig auf „nachher" oder „später" vertagen möchte, können Sie schon ahnen, was er im Schilde führt: Er will Ihnen „später" unter Zeitdruck Zugeständnisse abringen. Beharren Sie deshalb auf einer sofortigen Erörterung solcher Punkte und schieben Sie die Klärung nicht auf. Besonders Gesprächsinhalte, die erwartungsgemäß zu Kontroversen führen, sollten ohne jeden Zeitdruck und deshalb keinesfalls erst dann behandelt werden, wenn die Uhr zu ticken beginnt.

... unangenehme Fragen stellt

Wo Gespräche stattfinden, werden Fragen gestellt. Einige ausgefuchste Gesprächspartner nutzen das, um Sie mit überraschenden und unangenehmen Fragen zu konfrontieren, denen manchmal jeder Bezug zum Thema fehlt. Auch hierbei geht es in erster Linie darum, Sie zu verunsichern und aus dem Konzept zu bringen. Als wirksames Mittel zur Abwehr dieser Fragen wird nicht selten geraten, auf Angriff umzuschalten. Mit Schlagfertigkeit und Witz sollen Sie Ihrerseits den Fragesteller aus dem Konzept bringen und so um eine Antwort herumkommen. Der Angriff, der uns selbst aus der Fassung bringen und verunsichern sollte, würde sich auf diese Weise gegen den Angreifer selbst richten. Derartige Erwiderungen bewegen sich jedoch häufig in gefährlicher Nähe zu Beleidigungen beziehungsweise Frechheiten, womit Sie die Beziehungsebene schwer beeinträchtigen können. Und auch eine Klärung auf der Sachebene wird damit in der Regel verhindert. Außerdem besteht so die Gefahr, dass sich das Gespräch im Kreis dreht und immer mehr vom ursprünglichen sachlichen Gegenstand abdriftet.

Deshalb ist es weitsichtiger, einen anderen Weg einzuschlagen. Fragen Sie sich zuerst, warum Sie eine bestimmte Frage nicht beantworten wollen. Nicht selten sind bloß persönliche Eitelkeiten oder Unsicherheiten der Grund dafür, da Ihr Gegenüber mit seiner unangenehmen Frage in der Regel einen wunden Punkt oder eine Ihrer Schwächen anspricht. Versuchen Sie sich in so einem Fall einmal vorzustellen, was passieren würde, wenn Sie ganz einfach wahrheitsgemäß antworten würden. Nüchtern betrachtet würde in den meisten Fällen ganz einfach nichts passieren – außer dass Sie damit dem Fragensteller den Wind aus den Segeln nähmen. Lautet seine provokante Frage zum Beispiel „Warum rufen Sie denn nicht einfach selbst bei den Kollegen in den USA an?" – wohl wissend, dass Ihre Fachenglisch-Kenntnisse dafür nicht ausreichen, versucht er, Sie mit Ihrer Schwachstelle in die Enge zu treiben. Wenn Sie jetzt herumdrucksen oder versuchen auszuweichen oder das Problem einfach vehement leugnen, um Ihre mangelnden Sprachkenntnisse nicht zugeben zu müssen, dann hat Ihr Angreifer sein Ziel erreicht. Wenn Sie stattdessen antworten „Wie Sie wissen, fehlt mir noch die Sicherheit bei den englischen Fachvokabeln. Und um Fehler oder Missverständnisse zu vermeiden, überlasse ich die Gespräche mit den Amerikanern derzeit lieber sprachlich versierteren Kollegen wie zum Beispiel Ihnen." – dann verpufft der Angriff Ihres Gegenübers vollkommen wirkungslos. Sie haben zwar eine Schwäche zugegeben, dabei jedoch aufgrund Ihrer Aufrichtigkeit und Ihrer sachlich nachvollziehbaren Begründung keineswegs Ihr Gesicht verloren.

> Manchmal ist der richtige Umgang mit unangenehmen Fragen ganz einfach: Beantworten Sie sie!

Wenn die Fragen also nicht allzu delikater Natur sind, ist es eine erfolgversprechende Option, kurz, sachlich und ehrlich zu antworten, um dann einfach im Gespräch fortzufahren. Oft können Sie dadurch gleich noch einige Pluspunkte für sich verbuchen: Denn Aufrichtigkeit wird immer mit Sympathie und Vertrauen belohnt. Das kann für Ihren Gesprächserfolg von großem Vorteil sein. Und stellen Sie sich den Überraschungseffekt vor, mit dem Sie den Angriff Ihres Gesprächspartners ins Leere laufen lassen, wenn Sie ihm schlicht und ergreifend mit der Wahrheit antworten. Das hat er sicher nicht erwartet – und der Vorteil liegt auf Ihrer Seite.

Selbstverständlich ist es nicht immer so einfach. Es gibt natürlich auch triftige Gründe, eine Antwort auf bestimmte Fragen zurückzuhalten. Der Schutz Dritter, Loyalität gegenüber Geschäftspartnern oder Freunden, Diskretion, Schutz der eigenen Privatsphäre, ungeklärte Sachfragen etc. sind Faktoren, die es rechtfertigen, eine Antwort nicht zu geben. Ein probates Hilfsmittel ist auch hier wieder die Metakommunikation: Nennen Sie einfach die Gründe für Ihr Verhalten. Auch hier wird Ihnen Aufrichtigkeit weitaus mehr helfen als verlegenes Ausweichen oder kaltschnäuziges „Abbügeln" einer Frage. Eine glaubwürdige Antwort wird es Ihrem Gegenüber erleichtern, Ihre Gründe zu verstehen und zu akzeptieren, und eine verständnisvolle und partnerschaftliche Kommunikation ist trotz der ausbleibenden Antwort möglich. Zudem erhalten Sie sich so Ihre persönliche Souveränität und Selbstsicherheit.

... vorsätzlich eine nebulöse Ausdrucksweise verwendet

Ein weiteres beliebtes Mittel mancher Strategen ist es, sich absichtlich unklar auszudrücken und eine nebulöse Ausdrucksweise zu verwenden, die alles oder nichts bedeuten kann. Nicht immer ist eine Verständigung, die auf Tatsachen und aufrichtigen Überzeugungen beruht, das Ziel aller Gesprächspartner. Es gibt Gespräche, in denen Personen absichtlich Einsichten verschleiern, Wissen oder Meinungen vorenthalten, Mehrdeutigkeiten forcieren und den anderen vorsätzlich im Unklaren lassen. Manchmal wollen Menschen bestimmte Informationen nicht preisgeben.

Insbesondere in Verhandlungen werden aus taktischen Beweggründen Informationen oft nur sehr gezielt herausgegeben oder eben zurückgehalten. Eindeutige Festlegungen werden vermieden. Und stattdessen werden durch unklares beziehungsweise mehrdeutiges Formulieren Inhalte bloß angedeutet. Manch einer versucht auch einfach, durch eine ausgesprochen komplizierte oder fast unverständliche Sprache seine Persönlichkeit aufzuwerten, indem er auf diese Weise außerordentlich gebildet und niveauvoll erscheinen will. Es gibt viele Varianten von unklarer Ausdrucksweise und viele verschiedene Gründe dafür. Der schwerwiegendste Fall liegt jedoch dann vor, wenn im Hintergrund die Absicht steht, den anderen zu belügen und von Unwahrheiten zu überzeugen beziehungsweise von Wahrheiten abzulenken.

Natürlich ist es nicht immer leicht, richtig einzuschätzen, ob sich der Gesprächspartner wirklich absichtlich unklar ausdrückt oder ob er sich dessen gar nicht bewusst ist. Doch so oder so ist es unerlässlich, möglich frühzeitig einzugreifen. Ein wirkungsvolles Gegenmittel ist die Metakommunikation. Wenn Sie das Gespräch auf die Metaebene heben – also über das Gespräch selbst sprechen –, können Sie Ihre Wahrnehmungen artikulieren und Unklarheiten thematisieren. Außerdem können Sie Ihrem Gegenüber signalisieren, dass Sie mit der Art seiner Gesprächsführung nicht einverstanden sind beziehungsweise dass Sie Verständnisprobleme haben. Klärende Gegenfragen, Paraphrasieren und Verbalisieren sind dabei wirkungsvolle Hilfsmittel. Sie führen einerseits zur Klärung der Sache, andererseits zeigen Sie Ihrem Gesprächspartner deutlich, dass Sie sich mit unklaren Aussagen nicht zufriedengeben.

... versucht, sich einzuschmeicheln

Wer in einem Gespräch auf einen notorischen Nörgler trifft, der an jedem Vorschlag etwas auszusetzen hat, hat es fraglos mit einem sehr schwierigen Gesprächspartner zu tun. Vielen ist dagegen kaum bewusst, dass der Umgang mit Menschen, die das genaue Gegenteil machen, mindestens ebenso schwierig ist. Oft hat es sogar Methode, dem Gesprächspartner (statt ihn zu kritisieren) ständig Honig um den Bart zu schmieren und sich bei ihm einzuschmeicheln. Doch wer alles in den Himmel lobt, wird es kaum ehrlich meinen. Das Ziel einer solchen Anbiederungstaktik ist vielmehr, den Gesprächspartner in Verlegenheit zu bringen und ihn zu Zugeständnissen zu bewegen – quasi als Gegenleistung für die eigenen Schmeicheleien. Es wird darauf spekuliert, dass der umgarnte Gesprächspartner sich schlichtweg nicht mehr traut, an seinen Gesprächszielen festzuhalten, sondern sich als nachgiebig erweisen wird. Mit Komplimenten, Lob oder Schmeicheleien wird der Gesprächspartner so lange weichgekocht und eingelullt, bis sein Blick für die Realität vollkommen verstellt ist. Der Verstand des Gegenübers soll von den vermeintlich positiven Emotionen vollkommen überlagert werden. Seien Sie also misstrauisch, wenn Ihnen zu viel Begeisterung entgegenschlägt und wenn sogar Selbstverständlichkeiten bejubelt werden. Versuchen Sie, derartige Lobhudeleien zu ignorieren, und bleiben Sie in der Sache hart. Und wenn Ihr Gegenüber schließlich merkt, dass seine Manipulationsversuche nicht fruchten, wird es ihm obendrein schwerfallen, plötzlich umzuschwenken. Denn damit würde er seine vorangegangenen Begeisterungsstürme selbst als Schauspiel entlarven. Wer also in der Sache unbeirrt an seinen Zielen festhält, behält damit auch das Ruder in der Hand und hat beste Chancen, die eigenen Gesprächsziele zu erreichen.

> Bei unangemessen vielen Komplimenten des Gesprächspartners ist Vorsicht geboten: Es könnte sich um einen Manipulationsversuch handeln.

... mit Ausweichmanövern vom Gesprächsthema ablenkt

Ganz ähnlich wie die Einschmeicheleien, und gern auch in Kombination damit, funktioniert die Strategie, ständig vom ursprünglichen Gesprächsthema abzulenken. Anstatt die Fakten, Absichten und Intentionen offen auf den Tisch zu legen und zu erörtern, wird das Gespräch auf wenig relevante Nebenschauplätze verlagert. So entstehen diffuse Gespräche voller Zufälligkeiten, Ablenkungen und Ausweichmanöver. Der Weg zum Ziel wird damit unnötig in die Länge gezogen, oder das Ziel wird sogar ganz aus den Augen verloren. Oft ist genau das auch die Absicht, die mit ständigen Ausweichmanövern erzielt werden soll: nämlich keine Entscheidung zu finden und alles beim Alten zu belassen. Wer also ständig vom Thema abweicht, Zeit schindet und die Sachlage unnötig verkompliziert oder gerade dann nach einem speziellen Getränk verlangt, wenn es um substanzielle Fragen geht, hat nichts anderes im Sinn, als das gesamte Gespräch zu boykottieren. Das Wichtigste in solchen Fällen: Springen Sie nicht darauf an! Das ist nicht einfach, da derartige Gesprächspartner oft ein gutes Gespür dafür haben, womit man jemanden aus der Reserve locken kann. So manches Opfer dieser Taktik merkt erst mit einiger Verspätung, dass es seit einer halben Stunde von seinem letzten Urlaub oder liebsten Hobby erzählt, nachdem sein Gegenüber eine gute Vorlage geliefert hat. Gehen Sie also mit gutem Beispiel voran, bleiben Sie beim Thema und führen Sie – ganz gleich, welches Ausweichmanöver Ihr Gegenüber fährt – das Gespräch immer wieder zurück zur Sache.

Nutzen Sie in hartnäckigen Fällen auch hier das Instrument der Metakommunikation und rufen Sie Ihrem Gesprächspartner den Grund und das Ziel des Gesprächs ins Gedächtnis. Im beruflichen Kontext können Sie zudem auf die Gesprächsagenda verweisen. Das Wichtigste ist jedoch, das Spiel des Gegenübers zu durchschauen und sich nicht darauf einzulassen.

... ein Dauerredner ist

Den Gesprächspartner ausreden zu lassen gehört zu den Grundsätzen einer fairen Gesprächsführung. Das Problem ist nur: Was ist, wenn Sie es mit einem Dauerredner zu tun bekommen, der

Sie einfach nicht zu Wort kommen lassen will? Einen solchen Gesprächspartner müssen Sie bremsen. Hierbei ist es letztlich sogar gleichgültig, ob er das Vielreden strategisch einsetzt, um Sie zu übertönen, oder ob es sich bei ihm schlicht und einfach um einen sehr mitteilungsfreudigen Menschen handelt, der gar nicht merkt, dass er monologisiert. Für wichtige Gespräche ist beides eine Belastung, denn ein echter Dialog wird unmöglich. Ihnen bleibt also keine andere Wahl, als einzugreifen.

In harmloseren Fällen können Sie den Dauerredner schon dadurch dazu bringen, auch mal einen Punkt zu machen, dass Sie sehr bewusst alles unterlassen, was er als Ermutigung auffassen könnte, noch eine Anekdote zum Besten zu geben. Stacheln Sie ihn also nicht noch weiter an, indem Sie ihn verbal oder körpersprachlich ermuntern, seinen Monolog fortzusetzen. Vermeiden Sie bewusst den Blickkontakt sowie zustimmende Gesten und Bemerkungen, wenn die dominierende Person ununterbrochen redet. So signalisieren Sie, dass Sie an einer solchen One-Man-Show kein Interesse haben. Zeigen Sie keine größeren Emotionen, bleiben Sie stattdessen ernst und betont sachlich. – Hilft das alles nichts, unterbrechen Sie den Dauerredner – zwar höflich, doch nachdrücklich; und verweisen Sie auf den ursprünglichen Grund des Zusammenkommens. Nutzen Sie dafür unmissverständliche Ansagen wie: „Das ist alles schön und gut, doch jetzt möchte ich meine Meinung dazu sagen."

In Gruppengesprächen ist es zudem meist sehr wirkungsvoll, die Diskussion bewusst auf Teilnehmer zu lenken, die noch nicht zum Zug gekommen sind. Und wenn Sie selbst das Wort haben, beenden Sie Ihren Beitrag mit einer Frage an eine dieser Personen. Zum Beispiel: „Wie sehen Sie die Sache, Frau Meier?" Reißt der Vielredner trotz solcher Maßnahmen das Gespräch an sich, erscheint er äußerst unhöflich.

Wichtig ist in erster Linie, dass Sie sich selbst nicht unterbrechen lassen: Sprechen Sie deshalb mit unveränderter Lautstärke weiter, wenn Sie bemerken, dass der Vielredner wieder zuschlagen möchte. Sobald Sie leiser sprechen, wird er oder sie das Wort ergreifen. Vermeiden Sie in diesem Fall konsequent den Blickkontakt. Wenden Sie sich den anderen Teilnehmern dagegen offen zu. Wehren Sie sich, falls Sie dennoch unterbrochen werden. Eine friedliche Methode ist der Satz: „Entschuldigen Sie, ich möchte den Gedanken noch zu Ende führen, dass …" Hilft das nicht, erklären Sie laut und deutlich: „Lassen Sie mich bitte aussprechen."

… Sie mit unangenehmen Pausen unter Druck setzen will

Dauerredner können an den Nerven zehren, allzu schweigsame Gesprächspartner sind oft jedoch nicht minder problematisch. Denn den meisten Menschen sind Pausen, die im Gespräch entstehen, überaus unangenehm. Pausen werden daher auch eingesetzt, um das Gegenüber aus dem Konzept zu bringen. Allerdings ist hier Vorsicht geboten, denn längst nicht hinter jeder Gesprächspause verbirgt sich ein taktischer Schachzug. Auch ist es ein Missverständnis, dass Gesprächspausen schnellstmöglich überbrückt werden müssen. Eine Sprechpause unseres Gegenübers bedeutet nämlich meist gar nicht, dass wir nun selbst schnell etwas sagen müssen. Stattdessen nimmt sich unser Gesprächspartner Zeit und Raum zum Nachdenken. Nur wenn er Sie nach seinen Ausführungen direkt anschaut und dabei schweigt, ist die Pause eine Aufforderung an Sie, das Wort zu ergreifen. Eine Pause muss deshalb letztlich nicht immer unangenehm sein, sie kann dazu dienen, das zuvor Gesagte zu überdenken und sich eine Antwort zu überlegen. Beides ist gut für das Gespräch. Pausen haben nur dann einen manipulativen Charakter, wenn Sie als demonstratives Schweigen eingesetzt werden. Dann geht das Schweigen meist mit einer abwehrenden Körpersprache und einem direkten, herausfordernden Blickkontakt einher, um Abwehr und Provokation zu signalisieren. Was ist dann zu tun? – Bewahren Sie Ruhe, reagieren Sie keinesfalls ungeduldig. Widerstehen Sie zugleich der Versuchung, jede Pause sofort zu unterbinden und einfach weiterzureden. Nutzen Sie eine offene Frage (das sind alle Fragen, auf die man nicht nur mit Ja oder Nein antworten kann), um das Gespräch wieder in Gang zu bringen: „Was halten Sie von meinem Vorschlag?"

… körpersprachliche Tricks anwendet

Das Potenzial der körpersprachlichen Kommunikation wird regelmäßig unterschätzt. Das gilt nicht nur für die positive Wirkung, die eine angemessene Körpersprache auf Gespräche ausüben kann, sondern ebenso für das Gegenteil. Tatsächlich ist es möglich, einen Gesprächspartner durch eine gezielt eingesetzte negative Körpersprache zur Weißglut zu treiben – wobei sich der so Agierende sogar noch damit herausreden kann, doch kein einziges böses Wort gesagt zu haben. Wenn Sie beispielsweise in einem beruflichen Gespräch einen Vorschlag präsentieren, während sich unter den Gesprächspartnern ein Widersacher befindet, der zwar kaum einmal den Mund aufmacht, dafür jedoch jedes Ihrer Argumente mit einem zynischen Grinsen oder irgendeiner anderen abfälligen Mimik kommentiert, wird es Ihnen vermutlich schwerfallen, gelassen zu bleiben. Genau das ist das Ziel Ihres Widersachers: Er sagt nichts, was ihm später vorgeworfen werden könnte. Doch Sie werden nervös, bis Ihnen unter Umständen sogar der Kragen platzt und Sie mit einer Verbalattacke zurückschießen. Schließlich sind Sie dann sogar noch der Dumme. Genau das ist es, was Ihr Gesprächspartner erreichen will – Sie subtil zu provozieren, bis die Emotionen überkochen.

> Körpersprachliche Tricks entfalten ihre Wirkung häufig sehr subtil und sorgen für Irritationen, die Sie verunsichern sollen. Lassen Sie sich davon nicht aus dem Konzept bringen!

Dafür hält die Körpersprache vielfältige Mittel bereit: ein desinteressiertes Achselzucken, gelangweiltes Herumspielen mit einem Kugelschreiber, die Stirn runzeln, Gähnen an unpassender Stelle, das konsequente Vermeiden des Blickkontakts, häufige Blicke auf die Uhr, ein Kopfschütteln, milde in sich hineinlächeln usw.

– Ganz gleich, womit es Ihr Gesprächspartner versucht, lassen Sie sich vor allem nicht provozieren. Fahren Sie möglichst unbeirrt mit Ihren Ausführungen fort. Die meisten Trickser werden letztlich aufgeben, wenn sie spüren, dass sie damit bei Ihnen auf Granit beißen. Hört Ihr Gesprächspartner mit seinen Spielchen dennoch nicht auf, sprechen Sie ihn direkt an. Fragen Sie: „Haben Sie etwas nicht verstanden?" oder „Haben Sie eine Frage?" oder „Sie machen den Eindruck, dass Sie dem Gespräch nicht folgen können. Soll ich Ihnen etwas noch einmal erklären?" Gehen Sie dabei möglichst subtil vor und lassen Sie ganz sacht, sozusagen durch die Blume gesprochen, durchblicken, dass Sie die provozierenden Manöver durchschaut haben und sich davon nicht beeindrucken lassen.

Hilft auch das nicht, was selten ist, unterbrechen Sie das Gespräch und sprechen Sie den Störer direkt auf sein störendes Verhalten an. Heben Sie dabei die Bedeutung des Gesprächs hervor, dass Sie nicht zum Spaß hier sind und zum Ziel kommen wollen. Bitten Sie ihn, mit seinen Grimassen und Gesten aufzuhören – bleiben Sie dabei ruhig und souverän. Sprechen Sie deutlich und in angemessener Lautstärke (jedoch nicht zu laut), so, als hätten Sie solche Situationen schon tausendmal erlebt.

... lügt

Lügen dürfen in keinem Fall toleriert werden.

Eine sehr plumpe, zuweilen jedoch sehr wirkungsvolle Art der Provokation ist es, absichtlich falsche Behauptungen aufzustellen. Wenn Sie die Sachlage selbst genau kennen und daher wissen, dass die Behauptung eine Lüge ist, gibt es nur eine Gegenstrategie: Stellen Sie die Sachlage sofort richtig dar und berufen Sie sich dabei auf nachweisliche Fakten. Lenkt Ihr Gesprächspartner daraufhin nicht ein, bleibt Ihnen nur noch, das Gespräch abzubrechen. – Etwas diffiziler wird es, wenn Sie zwar vermuten, dass Ihr Gegenüber lügt, jedoch selbst die Sachlage nicht genau genug kennen, um das Gegenteil beweisen zu können. Haken Sie in einem solchen Fall sofort nach, fragen Sie nach Hintergründen, machen Sie sich (in beruflichen Gesprächen) eine Notiz und sagen Sie Ihrem Gesprächspartner, dass Sie seine Behauptung direkt nach dem Gespräch überprüfen werden. In vielen Fällen wird Ihr Gesprächspartner nun einlenken oder seine Behauptung zumindest relativieren. Andernfalls sollten Sie auch in diesem Fall das Gespräch abbrechen und einen neuen Termin ansetzen, zu dem Sie sich dann umfassend über die offensichtlich falsche Behauptung informieren werden.

… Ihre Kompetenz infrage stellt

Wohl jeder empfindet es als Provokation, wenn die eigene Kompetenz vom Gegenüber infrage gestellt wird. Genau deshalb ist dies auch so ein beliebtes Mittel der Kampfrhetorik. Die Gegenstrategie ist jedoch sehr klar: Lassen Sie sich nicht provozieren und vor allem nicht in die Defensive drängen, indem Sie beginnen, sich zu rechtfertigen. Verweisen Sie stattdessen auf Gegenbeispiele, die Ihre Kompetenz untermauern. Wiederholen Sie in einem solchen Fall nie die Vorwürfe mit eigenen Worten!

Sämtliche Provokationen sind letztlich mehr oder weniger plumpe Tricks, die nur dazu dienen, Sie auszubremsen. Wer Manipulationsversuche jedoch als solche sofort erkennt und die richtige Gegenstrategie parat hat, kann dem Provokateur schnell den Wind aus den Segeln nehmen und damit auch so manchen Streit im Keim ersticken.

5.2 Souverän in schwierigen Gesprächen und Verhandlungen

Die Provokations- und Manipulationsmethoden in Gesprächen und Verhandlungen sind überaus vielfältig. Doch welche Strategie auch immer angewendet wird, alle haben zum Ziel, Sie nervös zu machen, aus dem Konzept zu bringen und generell Ihre Souveränität zu untergraben, um Sie schließlich überrumpeln zu können und Ihnen dabei möglichst große Zugeständnisse abzuverlangen. Oder das Gegenüber will, dass Sie schlicht und einfach eine schlechte Figur abgeben. Beides ist für Sie von Nachteil, weshalb es wichtig ist, möglichst frühzeitig wirkungsvolle Gegenmaßnahmen einzuleiten. Das primäre Ziel ist es, die Provokation ins Leere laufen zu lassen. Noch besser ist es, darüber hinaus zum Kern des Gesprächs zurückzufinden und trotz vorangegangener Provokationen oder Manipulationsversuche eine Einigung zu erzielen. Das wird nicht immer gelingen, doch zumindest haben Sie mehrere Möglichkeiten, wie Sie im vorangegangenen Abschnitt gelesen haben, um sich mit fairen Mitteln gegen unfaire Gesprächspartner zur Wehr zu setzen. Denn zu jeder Methode der unfairen Gesprächsführung gibt es eine entsprechende Abwehrstrategie. Doch natürlich bekommt es keinem Gespräch gut, wenn das Ganze zu einem Hin und Her von Angriff und Abwehr ausartet. Auch ist es wenig zweckdienlich, eine ständige Lauerstellung einzunehmen und den Gesprächspartner misstrauisch zu beäugen.

Schon deshalb ist es vorteilhafter, den Gesprächspartner von vornherein dazu zu bewegen, ebenfalls an einer fairen Kommunikation festzuhalten. Mit einer guten Gesprächsvorbereitung können Sie schon prophylaktisch etwas dafür tun, dass das Gespräch unter möglichst guten Vorzeichen stattfindet. Außerdem hilft Ihnen die Vorbereitung auch dabei, im Fall von Provokationen des Gesprächspartners das Ruder in der Hand zu behalten. Und schlecht oder sogar unvorbereitete Gespräche verlaufen selten erfolgreich.

Natürlich kann kein Gespräch bis ins Detail geplant werden – insbesondere individuelle Reaktionen, die womöglich noch von einer spezifischen Stimmungslage abhängen, lassen sich kaum voraussehen. Doch können Sie vorab durchaus klare Strukturen definieren, wichtige Inhalte bestimmen und relevante Eckpunkte markieren. Es geht darum, Störfaktoren und Blockaden auszuschalten und einen fruchtbaren Boden für das Gespräch zu bereiten.

Kennen Sie Ihre Gesprächsziele?

Überlegen Sie sich vor jedem wichtigen Gespräch und insbesondere vor jeder Verhandlung, was genau Sie erreichen wollen, wie Sie Ihr Ziel erreichen können und an welchen Stellen Sie womöglich auf Widerstand stoßen. Bedenken Sie dabei, dass es meist nicht nur um ein einziges Ziel geht; in vielen Fällen sollen direkt mehrere Ziele – allerdings mit unterschiedlicher Gewichtung – erreicht werden. Daher ist es wichtig, die Zielvorstellungen zu präzisieren und entsprechend einzustufen. Hierbei hilft eine Prioritätenliste, die mit absolut unerlässlichen Zielsetzungen beginnt und hierarchisch bei weniger bedeutenden Zielen endet. Was muss, was soll und was kann erreicht werden? Einigen Zielen können auch Alternativziele oder mögliche Kompromisse zugeordnet werden, die ebenfalls noch akzeptabel wären.

Suchen Sie zudem für sich selbst möglichst klare Antworten auf folgende Fragen:
- Welches ist das optimale Gesprächsergebnis?
- Welches ist ein gutes Gesprächsergebnis?
- Welches Ergebnis wäre noch akzeptabel?
- Welches Ergebnis ist schlecht?
- Und was kann im ungünstigsten Fall eintreten?

Ihr primäres Ziel bleibt es natürlich, ein optimales Ergebnis zu erreichen. Erst wenn das bestmögliche Ergebnis sicher nicht mehr erzielt werden kann, wird ein Ergebnis der nächsten Ebene ins Visier genommen.

Entwickeln Sie auf dieser Basis nun eine Struktur für den Gesprächsverlauf. Denken Sie dabei daran, die Gesprächsagenda auf keinen Fall zu überfrachten. Schließlich sind der Aufnahme- und Konzentrationsfähigkeit der Beteiligten Grenzen gesetzt. Außerdem tauchen während eines Gesprächs fast immer zusätzliche Aspekte auf, die zuvor nicht berücksichtigt wurden. Schon allein mit dem Wissen, dass auch nicht einkalkulierte Punkte auftreten können, sichern Sie sich dringend benötigte Spielräume.

> Eine gute Gesprächsvorbereitung macht es leichter, auch unangenehme Gespräche erfolgreich zu meistern.

Welche Informationen benötigen Sie?

Wenn es eine bestimmte Angelegenheit zu besprechen gibt, werden Sie meist schon über einen gewissen Informationsstand zum Thema verfügen. Dennoch ist es unerlässlich, die vorhandenen Informationen auf Brauchbarkeit und vor allem Richtigkeit zu überprüfen. Wenn Sie sich im Gespräch beispielsweise belehren lassen müssen, dass Sie mit veralteten Zahlen arbeiten oder wichtige neue Entwicklungen nicht kennen, spricht das sicher nicht für Ihre Professionalität. Gehen Sie also zurückhaltend mit allen Informationen um, von denen Sie nicht hundertprozentig wissen, dass es sich um fundierte Fakten handelt. Bauen Sie auf unsicheren Informationen keine Argumentationen auf. Je mehr Fachkenntnisse Sie haben, umso leichter wird Ihnen die Argumentation fallen.

Überprüfen Sie Ihre Informationen auch auf Vollständigkeit. Denn je größer Ihr Fachwissen ist, umso größer ist die Wahrscheinlichkeit, dass Ihr Gesprächspartner auf reiner Sachebene unter fairen Bedingungen mit Ihnen spricht. Wo sich jedoch große fachliche Lücken bemerkbar machen, wird das vom jeweiligen

Gegenüber schnell geradezu als Einladung verstanden, zu unfairen Mitteln zu greifen. Für einen souveränen Auftritt im Gespräch ist ein umfassendes Fachwissen unerlässlich, wenn Sie auf Augenhöhe mit Ihrem Gegenüber sprechen wollen. Ein komplettes Bild über die relevanten Sachverhalte erhalten Sie dabei am ehesten, wenn Sie mehrere unterschiedliche Informationsquellen für die Recherche nutzen. Ein fundiertes Wissen über den Verhandlungspartner sowie über fachliche Aspekte signalisiert zudem auch Ihre persönliche Wertschätzung des Gegenübers! Umfassende Kenntnisse ermöglichen es Ihnen, das Gespräch in logische, aufeinander aufbauende Teilschritte einzuteilen und so eine optimale Strukturierung zu schaffen.

Stimmen die Rahmenbedingungen?

Das, was wir oft etwas abfällig als das „Drumherum" bezeichnen, hat einen nicht zu unterschätzenden Einfluss auf den gesamten Gesprächsverlauf und entscheidet oftmals auch über die Angriffslust eines Gesprächspartners. Erstaunlicherweise gelingt es den meisten Menschen im privaten Bereich ganz intuitiv, vor wichtigen Gesprächen eine angenehme Atmosphäre herzustellen, indem sie ein ruhiges Wohlfühlambiente schaffen und dafür sorgen, dass sie ausreichend Zeit haben und ungestört miteinander sprechen können. Im beruflichen Kontext gelingt das weitaus seltener: Da ist der Terminplan teils derart eng, dass die Teilnehmer schon gestresst ins Gespräch kommen. Dort erwartet sie ein unfreundlicher Raum mit unbequemen Sitzgelegenheiten, zu spät kommende Teilnehmer, klingelnde Telefone, während im Nebenraum Handwerker geräuschvoll zugange sind, wichtige Unterlagen fehlen usw. Wer ein Gespräch unter solchen Bedingungen führen will, macht es sich unnötig schwer, stellt die Ge-

> Die Gesprächsatmosphäre hat einen großen Einfluss auf den Gesprächsbeziehungsweise Verhandlungserfolg.

duld und das Wohlwollen der Gesprächspartner auf eine Probe und provoziert Widerstand. Jeder Gesprächspartner freut sich über ein souverän agierendes Gegenüber. Das erleichtert die Situation für alle Beteiligten ungemein, gerade auch bei fachlich schwierigen Gesprächen. Ganz sicher wird man Ihnen daher für eine professionelle Vorbereitung danken. Ein wichtiges Zeichen der Professionalität ist die Art der Vorbereitung Ihrer Unterlagen. Die benötigten Dokumente übersichtlich und anhand des geplanten Gesprächsverlaufs zu sortieren kostet wenig Zeit, signalisiert dafür Ordnung und einmal mehr die Wertschätzung des Gesprächspartners. Dies sollte eine Selbstverständlichkeit sein, dennoch werden diese Aspekte in der Praxis oft noch immer vernachlässigt.

Überlegen Sie sich schon vor dem Gespräch, ob und an welchen Stellen Sie auf weitere Hilfsmittel (Beamer, Computer, Flipchart etc.) zurückgreifen wollen. Achten Sie nicht nur darauf, dass die benötigten Geräte zum Gesprächstermin auch tatsächlich zur Verfügung stehen – überzeugen Sie sich auf jeden Fall persönlich, ob alles ordnungsgemäß funktioniert. Prüfen Sie sogar, ob Kugelschreiber, Marker usw. einsatzbereit sind. Nichts ist peinlicher als ein defekter Projektor, ein fehlender oder nicht schreibender Marker!

Sorgen Sie für ein angenehmes Ambiente. Ruhe und Ungestörtheit sind wichtige Voraussetzungen für ein gutes Gespräch. Auch die Positionierung der Gesprächspartner innerhalb des Raums steuert den späteren Gesprächsverlauf. Stellen Sie Getränke bereit, denn wer längere Zeit redet, zumal dann, wenn es um heikle Angelegenheiten geht, bekommt früher oder später einen trockenen Mund.

Achten Sie unbedingt darauf, dass das Gespräch nicht unterbrochen wird. Während des Gesprächs sollten keine Anrufe entgegengenommen werden und keine Unbeteiligten hereinplatzen.

Unterbrechungen dieser Art sind kein guter Stil und zeigen eine mangelnde Wertschätzung des Gegenübers. Stellen Sie daher auch Ihr Mobiltelefon ab.

Und schließlich: Kommen Sie auf jeden Fall pünktlich zum vereinbarten Gesprächstermin und planen Sie genügend Zeit dafür ein. Wenn irgend möglich, versuchen Sie, sich vor dem Gespräch wenigstens noch einige Minuten zu entspannen. Schon ein kleiner Rundgang um das Gebäude oder ein langer Blick aus dem Fenster wirkt hier beinahe Wunder – probieren Sie es aus!

Freuen Sie sich auf das Gespräch?

Es ist wohl kein Geheimnis, dass ein Gespräch, das auf Sympathie baut und auf das Sie sich freuen, viel leichter zu einem guten Ergebnis führt als ein Gespräch, das Ihnen schon im Vorfeld auf den Magen drückt. Doch natürlich gehört Sympathie nicht zu den planbaren Faktoren. Einige Weichen lassen sich allerdings bereits vor dem Gespräch stellen. Und dies beginnt bei Ihrer inneren Einstellung zum Gesprächspartner und zum Gespräch selbst. Natürlich wird kein Gespräch auf Sympathie aufbauen, wenn Sie schon vorab mit Widerwillen und Unbehagen daran denken. Stellen Sie sich daher im Rahmen der Gesprächsvorbereitung auf Ihren Partner ein, versetzen Sie sich in seine Perspektive, um so ein besseres Verständnis für seine Position zu erhalten. Und wenn Sie seine Positionen begreifen und tatsächlich verstehen, ist es nicht mehr weit bis zur Sympathie. Versäumen Sie es daher nicht, sich auch innerlich auf das Gespräch einzustellen. Dazu gehört:

- das Einstimmen auf die Perspektive der anderen Gesprächsteilnehmer;
- sich die eigenen Vorurteile und Vorbehalte gegenüber den Positionen und den Gesprächspartnern bewusst zu machen und weitgehend abzubauen;

- die Rahmenbedingungen, also die Vorzeichen, unter denen das Gespräch stattfindet, zu akzeptieren;
- eine positive Einstellung zu sich selbst und zum Gesprächspartner aufzubauen.

Auf dieser Basis werden gemeinsame Ziele leichter erreicht und destruktive Konflikte und Verhaltensweisen im Gespräch vermieden. Und selbst, wenn es sich um ein Gespräch handelt, das für Sie in jeder Hinsicht unangenehm ist, lohnt der Versuch, sich nicht von den negativen Gefühlen leiten zu lassen. Außerdem haben sogar die unangenehmsten Gespräche etwas Gutes: Denn wenn das Gespräch vorüber ist, sind Sie einen guten Schritt weiter und haben eine unangenehme Situation gemeistert.

Ihre persönliche innere Einstellung entscheidet maßgeblich darüber, ob die Gesprächspartner es Ihnen leicht oder schwer machen. Nutzen Sie also die Gelegenheit, sich in Ruhe auf jedes wichtige Gespräch einzustimmen.

5.3 Grundsätze für den Umgang mit schwierigen Gesprächspartnern

Wenn Sie Ihre Gesprächsziele genau kennen, gut vorbereitet sind, alle erforderlichen Informationen parat und für optimale Rahmenbedingungen gesorgt haben und obendrein mit einer positiven Einstellung ins Gespräch gehen, dann haben Sie die Weichen für ein faires und konstruktives Gespräch gestellt. Unter solchen Voraussetzungen werden nur wenige Gesprächspartner zu unfairen Mitteln greifen, schon deshalb nicht, weil sich Ihr Gesprächspartner damit selbst diskreditieren würde. Manche Gesprächspartner hält das alles jedoch noch nicht davon ab, sich durch Tricks einen vermeintlichen Vorteil zu verschaffen – entweder indem sie einen offensichtlichen Konfrontationskurs fahren oder indem sie zu subtileren Mitteln greifen.

Im ersten Teil dieses Kapitels haben Sie erfahren, welche Gegenmaßnahmen im konkreten Fall helfen, wenn Ihr Gesprächspartner zu unfairen Mitteln greift. Nun sind die Möglichkeiten einer unfairen Dialektik sehr vielfältig, und es hilft Ihnen nur wenig, sich für jede erdenkliche Angriffsmöglichkeit eine bestimmte Abwehrstrategie zurechtzulegen. Damit allein könnte man leicht ein ganzes Buch füllen – und es bleibt die Frage, ob Sie im Fall des Falles später tatsächlich noch genau wissen, was im Einzelfall zu tun ist. Deshalb wurden hier vor allem die häufigsten Angriffsmöglichkeiten und Gegenmaßnahmen näher erläutert. Ein weiterer Grund dafür ist: Wenn Sie die Strategien unfairer Gesprächspartner kennen und somit für die angewandten Tricks sensibilisiert sind, haben Sie die Möglichkeit, das Spiel Ihres Gegenübers zu durchschauen. Und genau das ist tatsächlich das effektivste Mittel, um sich gegen unfaire Gesprächspartner erfolgreich zur Wehr zu setzen:

Entlarven Sie einen unfairen Gesprächspartner!

Sie können auf einen unfairen Gesprächspartner überhaupt nur dann angemessen reagieren, wenn Sie seine Tricks und Taktiken erkennen und durchschauen. Allein dadurch, dass Sie wissen, wo der Hase langläuft, und sich eben nicht täuschen lassen, wird die Wirkung ganz gleich welcher Tricks bereits erheblich abgeschwächt. Bleiben Sie in Gesprächen also aufmerksam und achten Sie genau darauf, was Ihr Gesprächspartner womöglich im Schilde führt, insbesondere bei allen Aktionen, die vom ursprünglichen Gesprächsthema wegführen, oder wenn Sie persönlich in die Schusslinie geraten.

> Das Aufdecken unfairer Tricks ist die beste Methode, um sie unwirksam zu machen.

Wenn Sie nun spüren, dass Ihr Gesprächspartner mit gezinkten Karten spielt, bringt es nichts, in dieses Spiel einzusteigen und eine verbale Schlacht zu eröffnen. Zwar würden Sie Ihr Gegenüber womöglich verbal besiegen, doch erzielen Sie damit noch lange kein konstruktives Gesprächsergebnis.

Meist ist das Gegenteil der Fall: Eskaliert so ein Gefecht erst einmal, rücken der ursprüngliche Gesprächsgegenstand und das Ziel, eine Einigung oder Lösung zu erreichen, schnell auf Nimmerwiedersehen in weite Ferne.

Das primäre Ziel kann also nur eines sein: Rhetorische Tricks, Manipulations- und Lenkungsversuche des unfairen Gesprächspartners möglichst umgehend zu unterbinden, um in der Sache zu einem Ergebnis zu kommen. Das gelingt am besten, wenn Sie die Vorgehensweise Ihres Gesprächspartners durchschauen. Dann können Sie die Strategie Ihres Gesprächspartners entlarven und schon dadurch unwirksam machen und wenn nötig die beschriebenen ganz konkreten Gegenmaßnahmen anwenden. Spätestens wenn sich Ihr Gesprächspartner als hartnäckig unbelehrbar erweist, führt ein Wechselspiel aus Angriff und Abwehr nur dazu, dass sich das Gespräch im Kreis dreht. An einem solchen Punkt angelangt, hilft die sogenannte Metakommunikation, also ein Gespräch über das Gespräch.

Die Spielregeln für das Gespräch

Wenn Ihr Gesprächspartner ein falsches Spiel betreibt, ist es zweckmäßig, zunächst die Spielregeln zu thematisieren. Eine solche Metakommunikation ist überaus hilfreich, um den Kommunikationsprozess wieder in geordnete Bahnen zu lenken, indem Sie über den ungünstigen Kommunikationsverlauf sprechen und Vereinbarungen für den weiteren Fortgang treffen. Wenn Sie die unfaire Taktik Ihres Gegenübers also durchschaut und eine passende Gegenstrategie angewendet haben, Ihr Gesprächspartner jedoch weiterhin die gleiche Schiene fährt, machen Sie Folgendes: Sprechen Sie Ihre Beobachtungen offen aus und reden Sie mit Ihrem Gegenüber erst einmal über die Spielregeln Ihres Gesprächs. So können Sie mit ihm klären, wie Sie weiter vorgehen wollen, um das Gespräch gemeinsam zu einem vernünftigen Ergebnis zu führen.

Ein solches Vorgehen eignet sich für alle Gespräche, die aufgrund der Verhaltensweisen eines der Beteiligten einen unbefriedigenden Verlauf nehmen. Diese Metakommunikation hat zum Zweck, den Kommunikationsprozess zu thematisieren, um den Störungsquellen oder auch Missverständnissen auf die Spur zu kommen. Das Ziel ist es dann natürlich, derlei Störungen zu beheben und zukünftig zu vermeiden. Deshalb ist es sinnvoll, ein unfruchtbares Gespräch zu unterbrechen, um sich über den Gesprächsverlauf auszutauschen und die Spielregeln festzulegen. Ein kurzes sachliches Gespräch über den aktuellen Kommunikationsprozess kann sehr viel bewirken und selbst unangenehmste Gesprächspartner zurück auf den Teppich holen.

> Ein Gespräch über das Gespräch, also die Kommunikation auf der Metaebene, kann Störungen im Gesprächsverlauf aufspüren und helfen, sie zu beheben.

Für die Anwendung der Metakommunikation sind einige Regeln zu beachten. Die wichtigste ist, dass wirklich über den Kommunikationsprozess gesprochen und nicht mehr weiter über den Inhalt des Gesprächs diskutiert wird. Inhaltliche Differenzen spielen bei der Metakommunikation also keine Rolle, hier geht es einzig und allein um das Gespräch und seinen Verlauf. Vermeiden Sie außerdem alle Schuldzuweisungen, stellen Sie Ihren Gesprächspartner also nicht an den Pranger. Sagen Sie vielmehr, wodurch das Gespräch gestört wird und wie Sie beide Abhilfe schaffen können. Die Metakommunikation verläuft üblicherweise in zwei Schritten. Der erste Schritt umfasst die Analyse des Kommunikationsvorgangs und fragt nach dem genauen Ablauf, den positiven und negativen Bestandteilen, störenden und auch befriedigenden Aspekten. Im zweiten Schritt werden dann Übereinkünfte hinsichtlich zukünftiger Gespräche beziehungsweise des weiteren Gesprächsverlaufs getroffen. Dabei wird festgelegt, was nun vermieden werden soll, was sich bewährt hat und weiterhin im Gespräch gepflegt werden sollte.

Denken Sie bei der Metakommunikation daran, nicht nur über Negativaspekte zu sprechen. Werfen Sie auch einen Blick auf die positiven Seiten. Gerade das Unterstreichen der positiven Aspekte ermuntert viele Gesprächspartner dazu, ihr Kommunikationsverhalten zu überdenken.

Die Metakommunikation ist vor allem deshalb ein so wirkungsvolles Instrument für den Umgang mit schwierigen Gesprächspartnern, weil das störende Verhalten ohne Umschweife angesprochen wird. Auf viele Gesprächspartner wirkt das überaus entwaffnend, schließlich wissen sie nun, dass Sie die unfairen Methoden durchschaut haben und wie Sie dazu stehen. Und vor allem wissen sie, dass Sie in erster Linie eines im Sinn haben: ein gutes Gesprächsergebnis.

Dampf ablassen

Wenn wir es in wichtigen Gesprächen mit einem unfairen Gegenüber zu tun bekommen, der zu allerlei Tricks greift, sind immer auch Emotionen im Spiel. So mancher versucht, das Verhalten des Gegenübers einfach in Kauf zu nehmen, und bewahrt demonstrativ Ruhe, um auf diese Weise eine Eskalation zu vermeiden. Hinter dieser Strategie steht die Hoffnung, dass die Gegenseite durch das defensive Verhalten besänftigt wird und zu einem erträglichen Level zurückfindet. – Allerdings wird diese Hoffnung allzu oft nicht erfüllt, und das Gegenüber kann seine gezinkten Karten weiter ungehindert ausspielen. Dadurch bringen wir uns nicht nur selbst in die Defensive, sondern riskieren obendrein das Scheitern des Gesprächs. Denn an einem gewissen Punkt angekommen, wird sich auch der gutmütigste Gesprächspartner nicht mehr alles bieten lassen. Wenn der Bogen dann überspannt ist, brechen die Emotionen unkontrolliert heraus. Damit kommt es zur Eskalation, die wir ursprünglich unbedingt vermeiden wollten. Und wo es innerlich brodelt, fällt es schwer, überhaupt noch einen klaren Gedanken zu fassen und in der Sache einen Schritt weiterzukommen. So können unterdrückte Emotionen geradewegs zum Scheitern des Gesprächs führen.

Gerade im Dialog mit schwierigen Gesprächspartnern ist es daher besonders wichtig, die eigenen Emotionen unter Kontrolle zu behalten. Und das heißt auch: Warten Sie nicht, bis das Fass überzulaufen droht und Ihnen vollends der Kragen platzt. Ist die Atmosphäre erst einmal vergiftet, wird es kaum noch möglich sein, eine gemeinsame Basis für ein konstruktives Gespräch zu finden.

In allen Gesprächen spielen Emotionen zumindest unterschwellig eine große Rolle. Und das gilt in besonderem Maße für Gespräche, in denen sehr wichtige Angelegenheiten zu klären sind und bei denen womöglich empfindliche Punkte angeschnitten werden müssen. Wie wir eine solche Situation emotional erleben, hängt auch davon ab, mit welcher Einstellung wir in ein Gespräch gehen. Es ist zum Beispiel wahrscheinlicher, dass wir im Gespräch mit negativen Gefühlen reagieren, wenn wir vorbelastet sind, also beispielsweise bereits schon einmal schlechte Erfahrungen mit dem Gesprächspartner gemacht haben, oder ein Thema besprechen, das uns Unbehagen bereitet. Wie wir nun mit unseren Emotionen umgehen, hängt nicht allein von unserem Temperament ab, sondern auch davon, von welcher Art eine Emotion ist und mit welcher Intensität wir sie erleben.

Dabei sind die Gefühle selbst nicht direkt beeinflussbar, steuern können wir nur, wie wir mit ihnen umgehen – und auch das hat seine Grenzen: Emotionen können als Bereicherung oder als Störung betrachtet werden, wir können sie ignorieren und, wenn nötig, eine Weile unterdrücken. Oder wir können sie offen zeigen. Gerade das Ignorieren von Gefühlen ist höchstens kurzfristig zweckmäßig. – Weil Emotionen immer vorhanden sind, ist es oft vorteilhafter, sie in die eigenen Handlungsweisen zu integrieren. Und in Gesprächen sind Emotionen ein wichtiger Faktor der Überzeugungsarbeit. Sie machen die Gesprächsinhalte plastisch und lebendig. Emotionslos erscheinende Menschen wirken wenig engagiert und oft ein wenig mechanisch, weshalb sie auch keine beliebten Gesprächspartner sind. Außerdem fühlt sich so man-

cher Gesprächspartner durch die scheinbare Emotionslosigkeit
seines Gegenübers dazu animiert, einmal auszutesten, wie weit er
es treiben kann.

Werden Emotionen längere Zeit unterdrückt, geht das auch zulas-
ten der eigenen Ausstrahlung. Andererseits ist es natürlich auch
keine Lösung, in wichtigen Gesprächen – zumal beruflicher Art
– jede Emotion für alle sichtbar nach außen zu tragen. Das würde schnell affektiert oder sogar pathetisch wirken. Starke Gefühle
dagegen müssen sich entladen. Solange es dabei um Begeisterung
oder Freude geht, gibt es in den meisten Fällen auch keinen Grund
dafür, solche positiven Emotionen zu unterdrücken. Das Problem
bei schwierigen Gesprächspartnern sind die negativen Emotionen.
Ein unfairer Gesprächspartner kann sein Gegenüber leicht auf die
Palme bringen oder zumindest jedoch verärgern. Viele Menschen
handeln zunächst noch intuitiv richtig und signalisieren dem anderen schon durch die Körpersprache ihren Unmut. Nur wird das
bei einem wenig feinfühligen Gesprächspartner nicht viel bewirken. In solchen Fällen sind stärkere Signale erforderlich.

Das Unterdrücken der eigenen Verärgerung bringt einen jetzt
nicht mehr weiter, zumal sich der eigene innere Druck gefährlich
aufstauen kann. Bei Ärger mischen sich dann schnell Ironie und
Überheblichkeit in unsere Worte, was eine ohnehin geladene Situation unversehens zum Eskalieren bringt. Und kommt es schließlich zu einer plötzlichen Eruption mit hochrotem Kopf und sich
überschlagender Stimme, ist das meist ein Schuss, der weit über
das Ziel hinausgeht. Derartige Ausbrüche gilt es daher zu vermeiden. Das wird nur gelingen, wenn wir frühzeitig den angestauten
Dampf ablassen.

Dann ist es noch möglich, die Verärgerung objektiv auf die tatsächlichen Ursachen zurückzuführen und verstärkende Effekte
auszubremsen. Das heißt: Wenn alle Bemühungen, einen unfairen
Gesprächspartner zur Räson zu bringen, nicht fruchten, bringt es
nichts, alle Angriffe geduldig zu schlucken. Lassen Sie ruhig etwas

Dampf ab – und zwar zu einem Zeitpunkt, an dem Sie Ihre Emotionen noch im Griff haben und sachlich bleiben können. Sagen Sie ganz einfach die Wahrheit, machen Sie Ihrem Ärger Luft und zeigen Sie Ihre Emotionen. Nutzen Sie dafür Ich-Botschaften:

- „Es ärgert mich, dass ..."
- „Worüber ich mich jetzt wirklich ärgere, ist, dass ..."
- „Ich kann nicht mehr länger akzeptieren, dass ..."

Eine solche Vorgehensweise hat gleich mehrere Vorteile: Wenn Sie in einem Gespräch permanent gegen negative Emotionen ankämpfen müssen, schränkt das Ihre intellektuellen Fähigkeiten und auch Ihre Lust ein, konstruktive Ideen zur Problemlösung zu entwickeln. Es ist also unerlässlich, die Dinge beim Namen zu nennen. Indem Sie Ihre eigenen Gefühle zeigen und in Worte fassen, handeln Sie überaus selbstbewusst, denn es gehört auch Mut dazu, den Ärger nicht einfach zu schlucken. Gleichzeitig bieten Sie Ihrem Gegenüber Paroli, indem Sie nicht um den heißen Brei herumreden, sondern das Problem ganz konkret benennen. Sie setzen damit klare Grenzen, deren Überschreitung Sie nicht zulassen können. Hiermit demonstrieren Sie obendrein, dass Sie nach wie vor an einem guten Gesprächsergebnis interessiert sind.

> Wer Emotionen zeigt, setzt wichtige Signale. Wer starke Emotionen unterdrückt, riskiert ein unkontrolliertes und unkontrollierbares Ausbrechen der Gefühle – mit unabsehbaren Folgen.

Warten Sie daher nicht zu lange, um Ihren Emotionen Luft zu machen. Das heißt nicht, dass jede kleine Empfindlichkeit sofort thematisiert werden sollte – doch wenn in einem Gespräch permanent und über längere Strecken die Emotionen brodeln, ist es höchste Zeit, etwas Dampf abzulassen.

Übrigens: Das Gleiche gilt auch für Ihren Gesprächspartner. Auch er hat das Recht, verärgert zu sein. Machen Sie es ihm leicht, indem Sie ihm zugestehen, sich ebenfalls etwas Luft zu machen. Hören Sie aufmerksam zu und stellen Sie klärende Fragen. Lassen Sie ihn reden, bis die Emotionen etwas abgekühlt sind. In vielen schwierigen Gesprächen bringen solche Momente noch einmal die Wende und helfen dabei, anschließend ohne störende Anspannungen ein gutes Gesprächsergebnis zu erzielen.

Der letzte Ausweg

Bekanntlich gibt es zuweilen auch Situationen, bei denen sämtliche Bemühungen um einen positiven Gesprächsverlauf fruchtlos im Sande verlaufen. Was auch immer die Gründe dafür sein mögen – erweist es sich schlichtweg als unmöglich, mit einem Menschen ein halbwegs niveauvolles und konstruktives Gespräch zu führen, bleibt Ihnen nur noch ein letzter Ausweg: Brechen Sie das Gespräch ab. Der Gesprächsabbruch ist allerdings das allerletzte Mittel und sollte erst dann in Betracht gezogen werden, wenn der Gesprächspartner unermüdlich an seinen unfairen Methoden festhält.

> Der Gesprächsabbruch ist das letzte Mittel, das Ihnen zur Verfügung steht, wenn alle anderen Mittel nicht wirken.

Es bringt jedoch wenig, lediglich mit einem Gesprächsabbruch zu drohen. Entweder Sie brechen ein Gespräch ab oder nicht. Wenn Sie also keinen anderen Ausweg mehr sehen und alles in Ihrer Macht Stehende versucht haben, erklären Sie das Gespräch für beendet. So mancher Gesprächspartner wird erst jetzt erkennen, was er angerichtet hat, und versuchen, Sie zur Fortsetzung des Gesprächs zu bewegen – lassen Sie sich nicht darauf ein. Sobald das Wort Abbruch fällt, bleibt Ihnen nur noch, das Gespräch konsequent und ohne zu zögern abzubrechen. Erklären Sie kurz, warum Sie das Gespräch beenden wollen, bleiben Sie dabei betont sachlich und machen Sie das Angebot, es in einiger Zeit gern noch einmal miteinander zu versuchen: „Herr X, das bringt heute nichts. Ich kann und will Ihre persönlichen Angriffe nicht weiter akzeptieren und werde das Gespräch daher jetzt abbrechen. Wenn Sie möchten, können wir uns nächste Woche noch einmal zusammensetzen und bis dahin unsere Positionen überdenken. Auf Wiedersehen."

5.4 Unfaire Tricks? Das kann ich auch!

Wer in Gesprächen schwere Geschütze auffährt, muss sich darauf gefasst machen, dass ich zurückschieße! Denn nur mit Härte kann ich das Maximale herausholen und meine Interessen am besten durchsetzen!

Das ist eine verbreitete Meinung. Und so mancher hält es für das Nonplusultra, als ein mit allen Wassern gewaschener Gesprächspartner und Verhandler wahrgenommen zu werden, der sämtliche Tricks kennt und auf unfaire Mittel unverzüglich mit Gegenattacken reagiert und keine Gelegenheit auslässt, sein Gegenüber über den Tisch zu ziehen. Nur hat das alles nichts mit gelungener Kommunikation zu tun. Auf Dauer bringt es nicht einmal Vorteile, sich auf die grobe Art durchzusetzen – zumindest dann nicht, wenn eine dauerhaft tragfähige Lösung gefunden werden muss und wenn die Beziehung zwischen den Gesprächspartnern weiterhin intakt bleiben soll. Und genau dafür gibt es viele gute Gründe, wie sich gut am Beispiel eines Verkäufers veranschaulichen lässt:

Wer Waren oder Dienstleistungen verkauft, steht natürlich unter dem Druck, Umsatz zu machen. Als möglicher Weg zu mehr Umsatz werden Methoden wie das Hardselling, der Hochdruckverkauf, oder wie immer man es nennen mag, propagiert. Dabei geht es letztlich darum, jedes nur mögliche Mittel anzuwenden, um so schnell wie möglich zum Abschluss zu kommen. Es gilt dabei, jeden Widerstand des Kunden zu brechen und einfach alles (ob der Kunde davon nun einen Nutzen hat oder nicht) an den Mann zu bringen. Jeder Abschluss wird als Sieg verstanden, die Interessen des Kunden spielen hierbei keine Rolle. Manipulation, Verschleierungen, Übertreibungen, selbst Lügen – alles ist recht, solange am Ende nur ein Abschluss steht. Einmal abgesehen davon, dass viele Kunden heutzutage längst nicht mehr so blauäugig sind, wie es eine solche Verkaufsstrategie voraussetzt, ist ziemlich leicht absehbar, war passieren wird: Der gerissene Verkäufer wird eine ganze

Menge verkaufen – allerdings nur anfangs, denn recht bald werden ihm die Kunden ausgehen. Denn wer sich einmal hat über den Tisch ziehen lassen, wird sich das sicher kein zweites Mal gefallen lassen. Das heißt, der Verkäufer erzielt zwar schnelle, jedoch nur eine Reihe einmaliger Verkaufsabschlüsse. Aspekte wie Vertrauen und Glaubwürdigkeit bleiben dabei auf der Strecke – und damit bleiben schließlich auch die Kunden weg.

Verglichen mit einem wirklich professionellen Verkäufer, der weiß, dass die Beziehung zum Kunden und seine persönliche Glaubwürdigkeit kostbare Güter sind, kann der Hochdruckverkäufer nur den Kürzeren ziehen. Denn er wird ständig Kunden verlieren, während der kluge Verkäufer Stammkunden hält und permanent neue hinzugewinnt. Im Verkauf ist ein zufriedener Kunde wichtiger als ein einmalig abgeschlossener Kaufvertrag – auch wenn das unter Umständen bedeutet, dass ein Verkauf zunächst nicht zustande kommt. Denn nur ein zufriedener Kunde kommt ein zweites Mal, und nur ein zufriedener Kunde bringt neue Kunden.

> Unfaire Tricks bringen höchsten kurzfristige Einmalerfolge!

Übertragen auf unsere täglichen Gespräche heißt das: Wer auf eine von Vertrauen und Verbindlichkeit getragene Beziehung aufbauen kann, fährt damit schon mittelfristig weitaus besser als derjenige, der jederzeit aufs Ganze geht und das Maximum auf Kosten seiner Gesprächspartner herausholen will. Denn damit verlieren wir nur Gesprächspartner oder animieren sie, uns mit größtem Misstrauen zu begegnen. Unterm Strich wird die Rechnung eindeutig ausfallen: Wer nur den schnellen persönlichen Sieg vor Augen hat, wird letztlich als Verlierer dastehen. Und wer die eigenen Interessen *und* die Interessen seines Gesprächspartners ebenso berücksichtigt wie eine stabile Beziehung zum Gegenüber, wird schließlich besser abschneiden und vielfach auch leichter ans Ziel kommen.

6. | Schlagfertigkeit: Mehr als eine witzige Retourkutsche

Wenn es um gelingende Kommunikation geht, darf das Thema Schlagfertigkeit natürlich nicht fehlen, denn Schlagfertigkeit ist sozusagen das i-Tüpfelchen auf dem Gespräch. Wer in der Kommunikation schlagfertig reagiert, wird nahezu immer als starke und überzeugende Persönlichkeit wahrgenommen. Schlagfertigkeit wird mit Kreativität, Spontanität, Selbstbewusstsein und eben auch mit Intelligenz und einer schnellen Auffassungsgabe gleichgesetzt. Gerade im Beruf ist Schlagfertigkeit damit ein wichtiger Erfolgsfaktor.

Zum Thema Schlagfertigkeit kursieren jedoch zwei grundsätzliche Missverständnisse. Erstens: Schlagfertigkeit kann man nicht lernen; entweder man ist schlagfertig oder man ist es nicht. – Das ist glücklicherweise ein Irrtum. Denn Schlagfertigkeit ist durch etwas Übung und mit der richtigen Einstellung sehr wohl erlernbar, wie sich im Weiteren noch zeigen wird. Zweitens: Schlagfertigkeit bedeutet, den Gesprächspartner mit einem gezielten Verbalschlag zum Schweigen zu bringen und so als Sieger aus dem Gespräch hervorzugehen. – Dass „Sieg" und „Niederlage" nicht die Kategorien sind, an denen sich der Erfolg eines Gesprächs messen lässt, wurde im Verlauf dieses Buches hinlänglich erläutert. Doch was ist dann unter Schlagfertigkeit zu verstehen?

6.1 Was Schlagfertigkeit bedeutet – und was nicht

Wer unter Schlagfertigkeit versteht, seinen Gesprächspartner mundtot zu machen, braucht sich nur ein paar Killerphrasen und rhetorische Tricks anzueignen. Das wäre zwar effektiv, allerdings überaus kurzsichtig, und hätte mit hoher Wahrscheinlichkeit eine ganze Reihe unerwünschter Folgeeffekte. Denn auf diese Weise wird man mit ziemlicher Sicherheit einen Gesprächspartner verlieren – im Beruf kann das schnell bedeuten: einen Kunden; im Privatleben: einen guten Freund. So eine falsch verstandene Schlagfertigkeit belastet die Beziehungsebene zwischen den Gesprächspartnern, weil sie nicht selten unter die Gürtellinie zielt und die Grenze zur Unverschämtheit schnell überschreitet. Sie ist Ausdruck mangelnder persönlicher Wertschätzung des Gegenübers und kann aufgrund ihres provokativen Charakters sogar zu einer Eskalation der Auseinandersetzung führen. Unbedachte verbale Rundumschläge sind daher eine häufige Ursache für vielfältige Probleme, angefangen bei Konflikten über Kränkungen und Misstrauen bis hin zu mangelnder Gesprächsbereitschaft und bewusstem Zurückhalten von Informationen. Eine partnerschaftliche und ergebnisorientierte Gesprächsführung ist damit unmöglich.

Intelligente Schlagfertigkeit

Intelligente Schlagfertigkeit zielt dagegen nicht darauf ab, das Gegenüber um jeden Preis zum Schweigen zu bringen. Sie hilft stattdessen dabei, auch in schwierigen Situationen die Oberhand zu behalten, die eigenen Überzeugungen und die eigene Person gegenüber anderen souverän zu behaupten und verbale Angriffe zu parieren, ohne gleich mit der Verbalkeule zum Gegenangriff auszuholen. Außerdem kann sie ein Gespräch um einige geistreiche Bemerkungen bereichern. Dafür braucht es allerdings etwas Hintergrundwissen über die Grundprinzipien der Kommunikation. Auf dieser Basis lässt sich intelligente Schlagfertigkeit auch erlernen, vorausgesetzt, Sie erwarten keine Sprüche „für alle Lebenslagen", sondern sind bereit, an Ihrer

Auch für schlagfertige Antworten gelten die Grundsätze der fairen Kommunikation und partnerorientierten Gesprächsführung.

Persönlichkeit und Ihrem Kommunikationsstil zu arbeiten. Das erforderliche Hintergrundwissen zum Thema Kommunikation und Gesprächsführung wurde in den vorangegangenen Kapiteln dieses Buches bereits erläutert. Auch – oder insbesondere – für Ihre Schlagfertigkeit kommt es nämlich darauf an, dass Sie mit einer positiven Einstellung in ein Gespräch gehen, dass Sie Ihr Gegenüber als gleichberechtigten Partner betrachten und dass Sie ein hohes Maß an Einfühlungsvermögen an den Tag legen. Auf dieser Basis können Sie Worten und Assoziationen dann ihren freien Lauf lassen, sodass sich Spontanität und Esprit entfalten können und echte Schlagfertigkeit entsteht.

Schlagfertigkeit heißt also nicht, dass Sie lediglich ein paar auswendig gelernte Sprüche auf Lager haben, die Sie Ihrem Gegenüber mehr oder weniger gut platziert an den Kopf werfen. Solche Methoden verschaffen Ihnen im besten Fall die Gelegenheit, kurz durchzuatmen, haben ansonsten jedoch keine positive Wirkung. Das Gleiche gilt für antrainierte Techniken und vermeintliche Patentrezepte. Sie bestehen in der Regel aus rein äußerlichen und vorhersehbaren Verhaltensweisen, die nichts mit echter und intelligenter Schlagfertigkeit zu tun haben.

Doch in sehr brenzligen Situationen ist eine kurze Verschnaufpause manchmal schon der rettende Strohhalm, den Sie ergreifen können, um sich zu sammeln, die Gedanken zu ordnen und dann im zweiten Schritt die passende Antwort zu finden. Daher haben Schlagfertigkeitstechniken in gewissen Grenzen auch ihre Berechtigung. Sie können Ihnen zum Beispiel dabei helfen, Momente der Sprachlosigkeit oder ein echtes Blackout zu überbrücken. Wenn eine Verbalattacke Ihres Gegenübers Sie kalt erwischt, können ein paar vorformulierte Floskeln oder Antworten ganz nützlich sein, um überhaupt etwas einigermaßen Passendes zu erwidern und nicht vollkommen überrumpelt zu werden. Allerdings ist dieser Effekt nur von kurzer Dauer. Schon eine Replik später brauchen Sie eine bessere Antwort. Daher bleiben die grundsätzlichen Vor-

behalte gegenüber einfachen Patentlösungen bestehen: Zwangsläufig fehlt diesen Techniken und Floskeln das spontane und
individuelle Element, was für Schlagfertigkeit unverzichtbar ist.
Außerdem berücksichtigen diese Methoden nicht Ihre persönlichen kommunikativen Fähigkeiten und Charaktereigenschaften,
die großen Einfluss auf die Wirkung einer schlagfertigen Antwort
haben. Und sie stellen in der Regel nur eine kurzfristige oder ober-
flächliche Lösung dar, die Ihnen höchstens etwas Zeit verschafft,
jedoch keinen echten Vorteil im Gespräch.

Neben diesen durchaus legitimen, jedoch nur begrenzt wirkungs-
vollen Techniken gibt es auch einige Methoden, die mit Blick auf
eine partnerschaftliche und faire Kommunikation ohne Wenn
und Aber abzulehnen sind. Dabei handelt es sich um Techniken,
die ganz gezielt die Person des Gesprächspartners angreifen und
den sachlichen Gegenstand der Auseinandersetzung gar nicht
mehr berücksichtigen. Sie haben ausdrücklich zum Ziel, das Gegenüber in die Knie zu zwingen. Um die Sache geht es dabei nicht
einmal mehr am Rande. Auch wenn das immer noch von einigen
Anhängern dieser Methoden behauptet wird – keine der Techniken, die im Folgenden kurz erläutert werden, hat irgendetwas mit
Schlagfertigkeit zu tun. Sie schaden im höchsten Maße der Beziehung zwischen den Gesprächspartnern und hinterlassen nichts als
verbrannte Erde. Sie sollten diese Methoden also keinesfalls in Ihr
Gesprächsrepertoire aufnehmen.

Unfaire Techniken sind tabu

Als erstes Beispiel für eine solche unzulässige Technik sei hier die
Kampfrhetorik genannt. Schon in ihrem Namen wird der kämp-
ferische Charakter dieser Technik unterstrichen. Es geht also um
Sieg und Niederlage. Damit wird der Gesprächspartner automatisch zum Gegner, was allen Grundsätzen einer guten Gesprächsführung widerspricht, zumal es nicht darum geht, den Gegner

argumentativ zu besiegen. Im Fokus steht der persönliche Sieg auf Kosten des Gegenübers. Fairness, Sachlichkeit oder Argumente spielen dabei keine Rolle. Gezielt werden die Schwächen des anderen ausgenutzt und die Emotionen angestachelt, der Gegner wird massiv in Bedrängnis gebracht, und von der inhaltlichen Auseinandersetzung wird ganz bewusst abgelenkt. – Personen, die die Kampfrhetorik anwenden, haben nicht das Gesprächsergebnis im Sinn, sondern nur ihren persönlichen Triumph.

Das Gleiche gilt für Menschen, die glauben, mithilfe der Rabulistik ans Ziel zu kommen. Laut Fremdwörterbuch ist der Rabulist ein „Wortverdreher", jemand, „der in geschickter Weise beredtspitzfindig argumentiert, um damit einen Sachverhalt in einer von ihm gewünschten, aber nicht der Wahrheit entsprechenden Weise darzustellen". Die Rabulistik wird trotz ihrer unfairen Methoden immer noch propagiert, da sie wegen ihrer subtileren Vorgehensweise etwas eleganter daherkommt als beispielsweise die Kampfrhetorik. Doch auch bei der Rabulistik geht es letztlich nur um den persönlichen Sieg und nicht um Inhalte oder Argumente. Im Gegenteil: Inhalte und Argumente werden mithilfe von Spitzfindigkeiten und Wortverdrehereien absichtlich verschleiert und verbogen, nur damit sie irgendwie in die eigene Argumentation hineinpassen. Das geht sogar so weit, dass auch Fakten so hingebogen werden, dass sie die gewünschten Ergebnisse liefern. – Auch hier ist an nachhaltige Gesprächsergebnisse, die zur Klärung der diskutierten Sache beitragen, nicht zu denken. Im Vordergrund steht allein der verbale Sieg über den Gesprächspartner.

> Unfaire Techniken wie die Kampfrhetorik, die Rabulistik oder Manipulationsversuche haben absolut nichts mit Schlagfertigkeit zu tun.

Weit weniger elegant, dafür ein bisschen skurril ist die Methode, den Gesprächspartner mit Nonsens-Antworten aus dem Konzept zu bringen. Verbale Attacken sollen hier mithilfe von möglichst sinnfreien Antworten pariert werden, um den anderen zu über-

raschen, zu irritieren und zu verwirren. Das Ziel dieser Verwirrungstaktik ist es, Zeit zu gewinnen und den Gesprächspartner unter Druck zu setzen, nun seinerseits wieder etwas zu antworten.
– Dass die inhaltliche Auseinandersetzung hier völlig auf der Strecke bleibt, braucht wohl nicht weiter erläutert zu werden.

Auch sogenannte Killerphrasen, also Sprüche wie „Das haben wir schon immer so gemacht!" oder „Das habe ich Ihnen nun doch schon mehrmals erklärt. Wollen oder können Sie es einfach nicht verstehen?", sind ein beliebtes Mittel, um den Gesprächspartner verbal schachmatt zu setzen. Killerphrasen vergiften jede Art der Kommunikation, weil hier vorgefertigte Meinungen massiv vertreten werden und dadurch ein konstruktives Gespräch unmöglich wird.

Am gefährlichsten sind wahrscheinlich jedoch die Versuche, den Gesprächspartner zu manipulieren, um das Gespräch unbemerkt in die gewünschte Richtung zu lenken. Gefährlich ist diese Methode, weil sie weniger offensichtlich ist als die anderen Techniken und deshalb nicht selten unentdeckt bleibt und so natürlich ihre Wirkung voll entfalten kann. Das Ziel der Manipulation besteht darin, am Ende als Sieger aus dem Gespräch hervorzugehen und dabei auch noch den Anschein zu erwecken, als wäre dies mit legitimen argumentativen Mitteln geschehen. Meist sollen auf diese Weise argumentative Schwächen oder Lücken überspielt werden, damit das Gesprächsergebnis trotz der mangelhaften oder schwachen Argumentation im Sinne des Manipulierenden ausfällt. Auch hier geht es also nicht darum, ein Ergebnis zu finden, das der Sache gerecht wird, sondern nur darum, über den anderen zu triumphieren. Die Manipulation greift dabei auf eine Vielzahl von Tricks zurück wie Emotionalisierung, Provokation, missverständliche / mehrdeutige Ausdrucksweise, Unter-Druck-Setzen, Unterstellungen, Ignorieren von Gegenargumenten oder dominantes Gebaren – und das ist nur eine kleine Auswahl der typischsten manipulativen Instrumente.

Keine dieser vermeintlichen Schlagfertigkeitstechniken zielt auch nur ansatzweise darauf ab, ein sinnvolles Gesprächsergebnis zu erreichen, das eine konstruktive Lösung herbeiführt und die Interessen beider Gesprächsparteien berücksichtigt. Damit disqualifizieren sich diese Methoden grundsätzlich für die Anwendung in fairer Kommunikation. Außerdem müssen sich alle diese Techniken den gleichen Vorwurf gefallen lassen: Sie sind absolut destruktiv. Die Ergebnisse eines solchen Gesprächs sind ein weiterhin ungelöstes Problem, mindestens ein persönlich tief verletzter Gesprächspartner und verschwindend geringe Chancen auf eine gegenseitige Verständigung in der Zukunft. –
Was passiert also nach einem Gespräch, das man mit unfairen Mitteln „gewonnen" hat? Wie sollen sich die Gesprächspartner später noch in die Augen schauen? Wie sollen in Zukunft sinnvolle und tragfähige Lösungen gefunden werden? – Darauf geben diese Techniken keine Antwort.

> Unfaire Techniken sind immer destruktiv und widersprechen damit der Intention von fairen Gesprächen.

Doch was kann ich tun, wenn mein Gesprächspartner zu solchen Mitteln greift? Dann helfen folgende Verhaltensweisen:

- Lassen Sie sich auf gar keinen Fall dazu hinreißen, selbst zu unfairen Mitteln zu greifen! Verfolgen Sie konsequent die Regeln einer partnerschaftlichen Gesprächsführung.
- Begeben Sie sich nicht auf das verbale Niveau Ihres Gesprächspartners, sondern bleiben Sie bei Ihrem konstruktiven Gesprächsstil!
- Lassen Sie sich durch die persönlichen Angriffe Ihres Gegenübers nicht provozieren, unter Druck setzen oder einschüchtern. Starten Sie keine Gegenangriffe!
- Achten Sie aufmerksam auf die Versuche Ihres Gegenübers, das Gespräch zu emotionalisieren, und verhindern Sie ein Hochkochen der Emotionen. Ansonsten droht die Auseinandersetzung, zu eskalieren.

- Formulieren Sie unmissverständlich und ganz direkt, dass Sie in einen unfairen Schlagabtausch nicht einsteigen werden.

- Führen Sie das Gespräch immer wieder ausdrücklich zurück zum sachlichen Gegenstand der Auseinandersetzung.

- Beleidigungen und Angriffe unter der Gürtellinie müssen und dürfen Sie sich nicht gefallen lassen. Sprechen Sie klar und deutlich aus, dass Sie das nicht akzeptieren.

- Decken Sie Manipulationsversuche sofort auf. Manipulative Techniken werden wirkungslos, sobald sie als solche enttarnt werden.

- Eröffnen Sie Ihrem Gesprächspartner die Gelegenheit zum Rückzug, falls er sich in der Hitze des Gefechts etwas verrannt hat und nun selbst wieder auf konstruktivere Pfade einbiegen will.

- Falls Ihr Gesprächspartner unbeirrt an einer unfairen Strategie festhält, ziehen Sie die Konsequenzen und beenden Sie das Gespräch!

Die beschriebenen unfairen Methoden (und die vielen möglichen Spielarten davon) sind also absolut tabu für all jene, denen an souveräner Kommunikation gelegen ist. Das heißt nun natürlich nicht, dass Sie auf die Vorteile der Schlagfertigkeit verzichten müssen. Es gibt auch faire und legitime Schlagfertigkeitstechniken, mit denen Sie Ihre Gespräche sogar bereichern.

6.2 So entwickeln Sie echte Schlagfertigkeit

Schlagfertigkeit kann man lernen. Doch wie sich gezeigt hat, reicht es eben nicht, eine Handvoll geistreicher Redewendungen auswendig zu lernen oder sich ein Repertoire an vorgefertigten Techniken anzueignen. Wer schlagfertig(er) werden will, kommt nicht umhin, an sich selbst und an seinen kommunikativen / sprachlichen Fähigkeiten zu arbeiten und dafür einen langfristig und nachhaltig angelegten Veränderungsprozess zu initiieren. Nur so ist es möglich, echte Schlagfertigkeit zu entwickeln, bei der Kreativität, Spontanität, Sprachwitz, Ideenreichtum und Selbstbewusstsein Hand in Hand gehen. Dieser Veränderungsprozess beginnt immer bei der eigenen Persönlichkeit, da hier die Grundlagen für alle weitergehenden Bestrebungen geschaffen werden.

Schaffen Sie die notwendigen persönlichen Voraussetzungen!

Veränderungen, die die eigene Persönlichkeit betreffen, stellen immer eine große Herausforderung dar, werden im Gegenzug aber auch mit nachhaltigen Erfolgen belohnt. Gezielte Veränderungsprozesse führen zu Entwicklungsfortschritten, die Ihnen niemand mehr nehmen kann und von denen Sie Ihr Leben lang profitieren werden. Und da – wie im ersten Kapitel dieses Buches ausführlich erläutert – Persönlichkeit und Kommunikation eng miteinander verknüpft sind, haben positive Veränderungen Ihrer Persönlichkeit auch positive Veränderungen Ihres Kommunikationsverhaltens zur Folge, was Ihrem Streben nach (mehr) Schlagfertigkeit direkt zugutekommt. Die folgenden Ausführungen zu den persönlichen Voraussetzungen für echte Schlagfertigkeit können Sie einerseits nutzen, um eine Art Bestandsaufnahme über Ihre bereits vorhandenen Fähigkeiten zu machen. Andererseits erhalten Sie damit natürlich auch Anregungen und Hinweise, wie Sie ein etwaiges Manko in diesem Bereich ausgleichen können.

Eine wichtige Voraussetzung – und gleichzeitig auch eine der höheren Hürden – für echte Schlagfertigkeit ist ein gewisses Maß an Courage und Entschlossenheit, das Sie im Gespräch an den Tag legen. Wer in Auseinandersetzungen sehr zögerlich agiert, lange abwägt, viele Zweifel hegt und jegliche Konfrontation mit dem Gesprächspartner scheut, kann nicht spontan und schnell reagieren.

Echte Schlagfertigkeit erfordert ein gewisses Maß an Courage und Entschlossenheit sowie ein intaktes Selbstwertgefühl.

Beides jedoch sind unverzichtbare Eigenschaften von schlagfertigen Antworten. Oder ist Ihnen schon einmal eine schlagfertige Antwort begegnet, die mit einer nachdenklichen Pause und einem ausgedehnten „Ähmm ..." eingeleitet wurde?

Nun ist es allerdings auch nichts Ungewöhnliches, wenn es Ihnen zunächst etwas schwerfällt, sehr couragiert und entschlossen in ein Gespräch zu gehen. Die meisten Menschen versuchen, Gespräche möglichst höflich, verständnisvoll und harmonisch zu gestalten, um Konfrontationen zu vermeiden. Dahinter steckt die Befürchtung, andernfalls womöglich auf persönliche Ablehnung zu stoßen, was wir normalerweise verhindern wollen. Dabei besteht jedoch die Gefahr, dass man aus purer Höflichkeit allzu nachsichtig ist und die eigenen Interessen nicht mit dem nötigen Nachdruck vertritt. Ein cleverer Gesprächspartner wird diese Schwäche erkennen – und wahrscheinlich zugunsten seiner eigenen Interessen ausnutzen.

Um sich nun von einem zu starken Harmoniebedürfnis zu lösen sowie Entschlossenheit und Courage zu entwickeln, braucht es ein stabiles Selbstwertgefühl. Das nimmt Ihnen die Angst vor der Ablehnung durch andere. Denn es gibt Ihnen die Gewissheit, dass Sie nicht nur akzeptiert werden, wenn Sie zurückhaltend und nachsichtig sind, sondern auch dann, wenn Sie Ihre Interessen selbstbewusst vertreten. Ein intaktes Selbstwertgefühl entsteht, wenn Sie den Wert Ihrer eigenen Person nicht von den Meinungen anderer abhängig machen, sondern Ihr Leben und Ihre Person aus sich selbst heraus als wertvoll betrachten. Das ermöglicht es Ihnen, authentisch und selbstbewusst aufzutreten, zu Ihren Gefühlen zu stehen, Ihre Stärken gezielt einzusetzen und Ihre Schwächen zuzugeben. Sie wissen um Ihre Vorzüge und Qualitäten, haben eine positive Einstellung zu sich selbst und können mit Fehlern, Schwierigkeiten oder Krisen offen und konstruktiv umgehen. Das verleiht Ihnen Selbstbewusstsein und Souveränität, was wiederum Ihr Selbstwertgefühl weiter stärkt. Souveränität hilft Ihnen auch dabei, schwierige Gespräche mit der nötigen Gelassenheit zu bewältigen, sodass Sie auch in angespannten Gesprächssituationen fair und ergebnisorientiert (re)agieren können.

Ihr Selbstbewusstsein und Ihr Selbstwertgefühl können Sie positiv beeinflussen:

- Machen Sie sich Ihre persönlichen (Charakter-)Stärken, Qualitäten, Leistungen und Erfolge bewusst, um ein Gefühl für den Wert Ihrer Person zu bekommen.

- Machen Sie sich auch Ihre Schwächen bewusst, ordnen Sie sie in das Gesamtbild Ihrer Persönlichkeit ein und setzen Sie sie dazu ins Verhältnis. Häufig wird schnell deutlich, dass bestimmte Schwächen gar nicht so sehr ins Gewicht fallen. Schwerwiegende Defizite hingegen sollten Sie auszugleichen versuchen.

- Überwinden Sie festgefahrene Denk- und Verhaltensmuster, die Sie in Ihrer Entwicklung hemmen (zum Beispiel die Vorstellung, dass Sie immer nett und höflich sein müssen, um von anderen akzeptiert zu werden).

- Achten Sie auf positives Feedback von Ihren Mitmenschen, um Ihre Vorzüge zu erkennen und Ihr Selbstwertgefühl zu untermauern.

- Nehmen Sie neue Herausforderungen und verantwortungsvolle Aufgaben an. Das fördert Ihr Selbstbewusstsein.

- Gehen Sie Konflikten und Konfrontationen nicht aus dem Weg und überwinden Sie Ihre Harmoniesucht. Machen Sie sich bewusst, dass Ihre Bedürfnisse und Interessen es wert sind, entschlossen vertreten zu werden.

- Machen Sie sich immer wieder klar: Es ist nicht nötig, Ihre eigenen Wünsche und Bedürfnisse höflich zurückzustellen, damit andere Menschen Sie mögen.

- Zeigen Sie Ihrem Gesprächspartner, wo Ihre Grenzen für Zugeständnisse liegen, und übertreten Sie diese Grenzen nicht.

Selbstbewusstsein, Selbstwertgefühl und Souveränität dürfen allerdings nicht verwechselt werden mit Arroganz oder Überheblichkeit. Sie sollen sich Ihrem Gesprächspartner nicht überlegen, sondern gleichwertig fühlen und sich von ihm nicht ins Bockshorn jagen lassen.

Dann fällt es Ihnen auch nicht schwer, Ihr Anliegen couragiert und entschlossen zu vertreten und so im richtigen Moment eine schlagfertige Antwort parat zu haben.

Doch Ihre Schlagfertigkeit hängt noch von weiteren Faktoren ab. Nicht zu unterschätzen ist Ihre persönliche Verfassung während des Gesprächs. Um schlagfertig zu sein, ist es wichtig, dem Gespräch aufmerksam zu folgen und über eine gute Auffassungsgabe zu verfügen. Es ist unerlässlich, sich sowohl auf die Gesprächssituation als auch auf den -partner zu konzentrieren, um mögliche „Angriffspunkte" für eine schlagfertige Antwort entdecken und diese auch im richtigen Moment nutzen zu können. Nur so können Sie zielsicher die schlagfertige Antwort formulieren, die genau den neuralgischen Punkt der Situation oder der Bemerkung Ihres Gesprächspartners trifft. Dafür müssen Sie körperlich und mental fit sein, denn wer zum Beispiel müde oder gestresst ist, dem fehlt es häufig an der erforderlichen Geistesgegenwart, Konzentration und Reaktionsschnelligkeit, um echte Schlagfertigkeit zu entfalten.

Und last, but not least: Schlagfertigkeit muss Ihnen wirklich Spaß machen! Die kreativen und spielerischen Kräfte dieser Kunst können sich nur entfalten, wenn Sie echte Freude an diesem „Spiel" empfinden. Wenn Sie mit Lust und Freude nach der passenden Replik suchen, sich über eine treffsichere Reaktion freuen und Ihnen auch die schlagfertigen Antworten Ihres Gesprächspartners Vergnügen bereiten, dann stehen die Chancen gut, dass Sie in Sachen Schlagfertigkeit sehr schnell immer besser werden. Denn dann entwickeln Sie genau die Leichtigkeit und Kreativität im Umgang mit Situationen, Sprache und dem Gesprächspartner, die Sie für echte und intelligente Schlagfertigkeit brauchen.

Schlagfertigkeit macht Spaß!

Bewusst kommunizieren

Sind die persönlichkeitsbezogenen Grundlagen gelegt, können Sie sich Ihren kommunikativen und sprachlichen Fähigkeiten widmen. Der erste und wohl auch wichtigste Schritt besteht darin, ein klares Bewusstsein für Kommunikation und für das eigene Kommunikationsverhalten zu entwickeln. Im alltäglichen Miteinander gibt es enorme Unterschiede, was den Stil und die Vielfalt der kommunikativen Möglichkeiten anbelangt. Diese Vielfalt kann jedoch nur derjenige nutzen, der die vielen Möglichkeiten und Unterschiede auch bewusst wahrnimmt. Kommunizieren Sie daher stets mit voller Aufmerksamkeit. Beobachten Sie, wie Ihre Gesprächspartner reagieren, wenn Sie bestimmte kommunikative Mittel einsetzen. Und achten Sie auch darauf, welchen Kommunikationsstil Ihre Gesprächspartner pflegen und welche Wirkung das auf Sie selbst hat. Fragen Sie sich zum Beispiel:

- Welche kommunikativen Verhaltensweisen oder Strategien erzeugen bei Ihnen Ablehnung oder Skepsis beziehungsweise Zustimmung und Vertrauen?
- Worauf reagieren Sie in Gesprächen positiv?
- Was animiert Sie im Gespräch dazu, sich dem anderen zu öffnen?
- Welcher Kommunikationsstil wirkt auf Sie selbst sympathisch?
- Unter welchen Umständen fühlen Sie sich im Gespräch unter Druck gesetzt oder persönlich angegriffen?
- Welches Verhalten Ihres Gesprächspartners signalisiert Ihnen, dass er mit Interesse bei der Sache ist?
- Welches Kommunikationsverhalten beeinflusst Ihre Bereitschaft, sich in einer Auseinandersetzung zu einigen, positiv beziehungsweise negativ?
- Reagiert Ihr Gegenüber auf Ihre Gesprächsführung so, wie Sie es erwarten? (Wenn das nicht der Fall ist, könnte das ein Hinweis darauf sein, dass Ihr Kommunikationsverhalten anders wirkt, als Sie es beabsichtigen.)

- Neigen Sie in Auseinandersetzungen zur Emotionalisierung des Gesprächs? Welche Folgen hat das für den Gesprächsverlauf?

Es kommt also darauf an, aufmerksam und bewusst wahrzunehmen, wie bestimmte kommunikative Verhaltensweisen tatsächlich auf den Gesprächspartner wirken und wie sie das Gespräch beeinflussen. Und das können Sie sowohl bei Ihrer eigenen Gesprächsführung beobachten als auch bei Ihrem Gegenüber und sogar bei Gesprächen, an denen Sie gar nicht direkt beteiligt sind (wie beispielsweise Talk-Runden im Fernsehen). Ziel ist in jedem Fall, das eigene Bewusstsein für den Einsatz von Sprache und kommunikativen Mitteln zu schärfen.

Ein gute Übung für den Einstieg: Achten Sie in nächster Zeit einmal bewusst darauf, wie oft Sie oder Ihre Gesprächspartner Floskeln verwenden und welche Wirkung das hat. Floskeln wie „Sie machen das schon!" oder „Das ist ein historischer Moment" oder „Ohne Fleiß kein Preis!" werden im besten Fall nur als leere Worthülsen wahrgenommen oder gleich ganz überhört. Im ungünstigeren Fall wird sich der Gesprächspartner über inhaltsleere und austauschbare Floskeln jedoch ärgern. Er wird sich und sein Anliegen nicht ernst genommen fühlen, da Sie sich nicht einmal die Mühe machen, prägnante Antworten zu formulieren, sondern stattdessen lieber auf 08/15-Plattitüden zurückgreifen. Das zeugt nicht gerade von großem Interesse an den Aussagen des Gesprächspartners und an einem guten Gesprächsergebnis. – Überprüfen Sie also kritisch, wann Sie selbst zu Floskeln greifen, und beobachten Sie, wie das auf Ihren Gesprächspartner wirkt. Und achten Sie auch umgekehrt darauf, welche Wirkung der Einsatz von Floskeln auf Sie selbst hat, wenn Ihr Gegenüber darauf zurückgreift.

> Bewusst zu kommunizieren heißt: Sie setzen kommunikative Mittel gezielt ein und nehmen deren Wirkung auf Ihren Gesprächspartner bewusst wahr. Sie achten zudem darauf, welche Mittel Ihr Gegenüber verwendet und wie diese auf Sie selbst wirken.

Eine weitere Übung ist der gezielte Einsatz von Fragen. In der Kommunikation – und insbesondere für eine intelligente Schlagfertigkeit – sind Fragen ein wichtiges Instrument. Fast alle Fragen können Sie in Gesprächssituationen verwenden, weil sie Ihnen wertvolle Informationen über Ihren Gesprächspartner und / oder das Thema liefern: Ob geschlossene Fragen, die Ihr Gesprächspartner nur mit einem Ja oder Nein beantworten kann („Kommen Sie auch zur Teamsitzung?"), offene Fragen, mit denen Sie mehr erfahren wollen („Was erwarten Sie von der Teamsitzung?"), Alternativfragen („Wollen Sie an der Besprechung am Montag oder an der am Dienstag teilnehmen?") oder Suggestivfragen („Glauben Sie nicht auch, dass es besser wäre, wenn Sie an der Sitzung teilnehmen würden?") – wenn Sie die richtigen Fragen stellen, erhalten Sie von Ihrem Gesprächspartner auch die richtigen Antworten. Setzen Sie also Fragen ganz bewusst ein, um etwas ganz Bestimmtes von Ihrem Gegenüber zu erfahren. Testen Sie auch, welche Auswirkungen die unterschiedlichen Arten von Fragen auf den Gesprächsverlauf haben. Viele aufeinanderfolgende geschlossene Fragen erzeugen zum Beispiel schnell eine Art Verhörsituation, die das Gesprächsklima belasten kann, oder das Gespräch kommt ins Stocken, weil einer der Beteiligten immer nur einsilbige Antworten gibt. Offene Fragen animieren das Gegenüber hingegen, etwas ausführlicher zu antworten. Und Suggestivfragen können unter Umständen den Eindruck erwecken, es handele sich dabei um Manipulationsversuche, was das Gespräch belasten würde (auch dann, wenn der Eindruck falsch wäre). – So hat jeder Fragetyp seine Eigenarten. Und je genauer Sie die Wirkung Ihrer Fragen kennen, umso gezielter können Sie sie einsetzen.

Mit Sprache und Assoziationen spielen

Echte Schlagfertigkeit wächst bekanntermaßen aus dem kreativen Spiel mit originellen Assoziationen und den vielfältigen Möglichkeiten der Sprache. Deshalb gehören Sprachgewandtheit, Assoziationsfähigkeit sowie die Freude am Spiel mit Wörtern und mit Sprache zweifellos zu den wichtigsten Qualifikationen schlagfertiger Menschen. Sie machen es erst möglich, zur rechten Zeit die schlagfertige Antwort zu formulieren, die zielsicher den Kern der Sache trifft und mit Sprachwitz überzeugt. Den sicheren und lustvollen Umgang mit Sprache und Assoziationen zu trainieren ist also unerlässlich für jeden, der echte Schlagfertigkeit entwickeln will.

Ein wichtiger Schritt ist die Erweiterung des eigenen Wortschatzes. Mit einem großen aktiven Wortschatz lassen sich variantenreiche Formulierungen finden, die gleichermaßen originell und treffend sind. Ein großes Repertoire an zur Verfügung stehenden Vokabeln und Formulierungen ist die beste Voraussetzung für den kreativen und vielfältigen Einsatz der Sprache. So können Sie das weite Spektrum sprachlicher Möglichkeiten voll ausschöpfen und sich dabei präzise und prägnant ausdrücken. Nutzen Sie also jede Gelegenheit, um Ihren persönlichen Wortschatz zu erweitern. Variieren Sie bewusst die Wörter, die Sie im Gespräch nutzen, und verwenden Sie durchaus auch einmal ungewöhnliche Formulierungen. Achten Sie auch beim Lesen von Texten auf originelle Formulierungen, besondere Wörter oder Synonyme, die Sie in Ihren Wortschatz einfließen lassen können. Wichtig ist jedoch auch, dass Sie vom Gegenüber verstanden werden. Nicht mehr Fremd- oder Fachwörter sind gefragt, sondern ein frischer Sprachstil, der sich auch am Informationsstand des Gesprächspartners orientiert.

> Der Alltag bietet viele Möglichkeiten, um die eigene Assoziationsfähigkeit und den sicheren und kreativen Umgang mit Sprache zu trainieren.

Ein unterhaltsames Wortschatztraining können Sie zum Beispiel mit dem Gesellschaftsspiel „Tabu" absolvieren. Dabei muss ein bestimmter Begriff für die Mitspieler erklärt werden, wobei vorgegebene Vokabeln jedoch nicht verwendet werden dürfen. Für den zu erratenden Begriff „Egoist" sind beispielsweise folgende Vorkabeln tabu: Mensch, ich, Zentrum, Mitte, denken. Und der Begriff „Latte macchiato" darf nur ohne die Wörter Kaffee, Espresso, Milch, Punkt, Italien erklärt werden. Es sind also in der Regel die naheliegendsten Wörter, die ausgeschlossen werden. Deshalb trainieren Sie mit diesem Spiel auch nicht nur Ihren Wortschatz, sondern gleichzeitig Ihre Assoziationsfähigkeit. Sie müssen nämlich um die Ecke denken, damit Sie ungewöhnliche Wörter finden, die Ihre Mitspieler dennoch zu dem gesuchten Begriff führen.

– „Tabu" ist also das ideale Schlagfertigkeitstraining und macht obendrein auch noch eine Menge Spaß! Nutzen Sie solche Möglichkeiten, um Ihre Fähigkeiten spielerisch zu trainieren, denn im normalen Alltag bleibt das spielerische Moment im Umgang mit der Sprache nicht selten auf der Strecke. Gerade im beruflichen Kontext geht es nämlich zumeist um effiziente Informationsvermittlung und weniger um sprachliche Raffinessen.

Das Wichtigste ist jedoch: Der bewusste und sichere Umgang mit Sprache und Wörtern entwickelt sich nur durch kontinuierliche Anwendung. Wortgewandtheit erlangen Sie, indem Sie immer wieder mit Wörtern und Formulierungen spielen, sich selbst herausfordern, neue Ausdrucksvarianten zu finden, und neue Formulierungen im Gespräch aktiv ausprobieren. Theoretisches Wissen allein reicht nicht aus, um den eigenen Sprachstil lebendiger und origineller zu gestalten, es zählt die praktische Anwendung.

Auch Ihre Assoziationsfähigkeit können Sie trainieren:
- Verändern Sie aktiv Ihre Gedankengänge und üben Sie, um die Ecke zu denken!
- Bilden Sie Assoziationsketten ohne jegliche Einschränkung! (Assoziationen müssen nicht logisch erklärbar sein!)
- Spüren Sie festgefahrene Denkmuster auf und durchbrechen Sie sie!
- Deuten Sie sprachliche Bilder um!
- Brechen Sie Klischees auf und spielen Sie mit Klischeevorstellungen!

- Bilden Sie ungewöhnliche Analogien und Vergleiche!
- Hinterfragen Sie Tatsachen, Aussagen, Behauptungen, Meinungen, Ergebnisse, Annahmen, Vorurteile etc. – auch Ihre eigenen!
- Spüren Sie unter der Oberfläche liegende Zusammenhänge und Verflechtungen auf!
- Gehen Sie den Dingen auf den Grund!
- Entwickeln Sie Freude am freien Assoziieren!

Wenn Assoziationsfähigkeit und Wortgewandtheit aufeinandertreffen, entsteht oft das, was Schlagfertigkeit so sympathisch macht: Humor. Schlagfertigkeit und Humor gehören eng zusammen, sie sind eine gegenseitige Bereicherung füreinander. Humor äußert sich dabei jedoch weniger in Form eines Witzes als vielmehr in der besonderen Einstellung zur Situation und zum Gespräch. Wer Humor hat, kann die Situation aus einem anderen Blickwinkel betrachten, eine gewisse Distanz zur Auseinandersetzung einnehmen und die heiteren Momente der Situation erkennen. Mit einem Augenzwinkern und einer Portion Selbstironie kann er eine angespannte Situation entschärfen, ohne dabei den Gesprächspartner anzugreifen. Ganz im Gegenteil: Wenn der Humor beim Gegenüber auf fruchtbaren Boden fällt, entstehen neue Gemeinsamkeiten, die ein gutes Gesprächsergebnis fördern.

6.3 Zur Not helfen auch ein paar gute Zitate, oder etwa nicht?

In der Geschichte gab es so viele schlaue und wortgewandte Persönlichkeiten. Um schlagfertig zu sein, greife ich einfach auf ein paar gute Zitate von diesen Menschen zurück. Diese Zitate haben sich doch bewährt. Und wer will schon dem Ausspruch einer berühmten Persönlichkeit widersprechen!

Wer sich in Sachen Schlagfertigkeit allein auf berühmte Zitate verlassen will, wird leider nicht sehr weit kommen. Eine erste Schwierigkeit liegt bereits darin, dass man in einem Gespräch nur wenige Zitate sofort parat hat. Man müsste ja einen riesigen Fundus an Zitaten auswendig gelernt haben, um eine sinnvolle Trefferwahrscheinlichkeit zu erreichen. Und auch dann bleibt es sehr schwierig, (innerhalb von Sekundenbruchteilen) ein Zitat zu finden, das wirklich hundertprozentig zur Situation und zum Gegenüber passt. Und die Zitate, die man tatsächlich schnell zur Hand hat, sind häufig auch nicht besonders originell, sondern längst in aller Munde. Schlagfertigkeit lebt aber von der Spontanität und der guten Idee, die in der schlagfertigen Bemerkung zum Ausdruck kommen, sowie vom freien und kreativen Spiel mit Wörtern und Assoziationen. Das alles kommt beim Einsatz von Zitaten nicht zur Geltung.

> Zitate sind nicht geeignet, um im richtigen Moment spontan eine schlagfertige Antwort zu formulieren.

Zudem entsteht beim übermäßigen Einsatz von Zitaten schnell der Eindruck, dass man sich hier mit fremden Federn schmücken muss, weil man nicht in der Lage ist, eigenständig eine geistreiche Bemerkung zu formulieren. Das jedoch widerspricht der schlagfertigen Wirkung, die Ausdruck von Esprit und Kreativität ist.

Zitate eignen sich jedoch durchaus dazu, eigene Aussagen zu untermauern. Denn richtig ist, dass die überlieferten Aussagen und Weisheiten von anerkannten Autoritäten kaum Widerspruch zulassen. Das kann in Gesprächen selbstverständlich sehr nützlich sein, hat allerdings nichts mit Schlagfertigkeit zu tun.

Für Ihre Schlagfertigkeit sind Zitate dennoch nicht gänzlich nutzlos: Verwenden Sie sie, um Ihre Sprachgewandtheit und Assoziationsfähigkeit zu trainieren. Sie können mit Zitaten spielen, sie sprachlich und inhaltlich abwandeln, ihre Aussagen ins Gegenteil verkehren, zwei Zitate miteinander verschränken, die Gedanken eines Zitats zu (einem überraschenden) Ende führen und vieles mehr ...

7. | Erfolgreiche Kommunikation für ein effektives Selbstmarketing

Das Gespräch von Mensch zu Mensch ist das Instrument Nummer eins, um andere Menschen zu überzeugen und zu Entscheidungen zu bewegen. Vor allem im Beruf entscheidet das eigene Auftreten in Gesprächen und Diskussionen maßgeblich über den persönlichen Erfolg. Dennoch wird das Verhalten im Gespräch zu selten reflektiert. Dabei lässt sich die eigene Überzeugungskraft durch eine gekonnte, faire Dialektik entscheidend steigern. Außerdem tragen die dialektischen Fähigkeiten wesentlich dazu bei, wie die eigene Persönlichkeit von anderen Menschen wahrgenommen wird. Umgekehrt schmälern Defizite bei der Gesprächsführung erwiesenermaßen die Akzeptanz der eigenen Person, reduzieren das persönliche Durchsetzungsvermögen und verhindern Anerkennung. Dementsprechend ist längst unstrittig, dass der persönliche Erfolg in engem Zusammenhang mit der Persönlichkeit und der Wahrnehmung durch Dritte steht. Das Auftreten im persönlichen Gespräch hat hierauf den größten Einfluss und ist mit einer ganzen Reihe von Folgewirkungen verknüpft. Schon deshalb ist das Thema Dialektik heute so aktuell wie eh und je.

> Ein überzeugendes und souveränes Auftreten im Gespräch sorgt für ein positives Image.

Wer es versteht, sich angemessen zu artikulieren und auch komplexere Zusammenhänge auf den Punkt zu bringen, und dabei auf Schlagfertigkeit und einen charmanten Wortwitz zurückgreifen kann, gilt allgemein nicht nur als intelligent, sondern wird sich auch leichter bei anderen Gehör verschaffen. Vor allem erscheint ein solcher Mensch in seinem Auftreten weitaus souveräner als ein anderer, dem diese Fähigkeiten fehlen. Denn wer im Gespräch allzu leicht ins Stocken gerät, umständlich formuliert, keine Argumentation aufbauen und einfach keinen Draht zu seinem Gesprächspartner herstellen kann, wirkt schnell fade und inkompetent. Das Auftreten in jeder Art von Gesprächen ist also sehr eng mit dem eigenen Ansehen verbunden. Kurz, Ihre Gesprächspartner werden abhängig davon, wie Sie sich im Gespräch präsentieren, Rückschlüsse auf Ihre Persönlichkeit ziehen.

7.1 Wahre Persönlichkeit zeigt sich im Gespräch

Es gibt Menschen, die ebenso gut argumentieren wie zuhören, die Glaubwürdigkeit ausstrahlen, selbstsicher erscheinen und doch sympathische Ecken und Kanten haben und dabei durch ihr gesamtes Auftreten Souveränität ausstrahlen. Oft bekommen wir es jedoch auch mit jenen zu tun, die den Mund gern ein wenig zu voll nehmen und mit lauter leeren Versprechungen um sich werfen. Oder mit denen, die sich ständig selbst beweihräuchern und mit ihren grandiosen Leistungen prahlen. Manche plaudern munter drauflos, ob man es nun hören will oder nicht, während der Nächste den Mund überhaupt nicht aufbekommt. Der eine gibt sich unterkühlt, der andere ist ein Hitzkopf, der ständig auf Konfrontationskurs geht.

Diese und noch andere Kommunikationsstile treffen in privaten und geschäftlichen Gesprächen aufeinander. Was beim kleinen Plausch zwischendurch vielleicht nur einige Irritationen hinterlässt, kann in wichtigen beruflichen Gesprächen geradezu (finanziellen) Schaden anrichten und eine Geschäftsbeziehung dauerhaft verschlechtern oder sie sogar zerstören. In Anbetracht der unterschiedlichen Kommunikationsstile und des Fehlens dialektischer Kenntnisse ist es kein Wunder, dass oft unendlich viel Zeit und Energie verschwendet werden, weil die Menschen aneinander vorbeireden und schlüssige Gesprächsergebnisse nicht zustande kommen. Und insbesondere im Beruf steht der Verlauf von Gesprächen mit Kunden, Vorgesetzten, Kollegen und Mitarbeitern im direkten Zusammenhang mit der eigenen Karriere. Misserfolge, die auf eine ungeschickte Gesprächsführung zurückzuführen sind, stellen hier eine große Belastung dar, während Gesprächserfolge eine optimale Reputation bedeuten und somit das eigene Ansehen stärken.

Die Wirkung von Gesprächserfolgen beziehungsweise -misserfolgen ist deshalb so entscheidend, weil sich in der Kommunikation eines Menschen seine Persönlichkeit zeigt. Wir beurteilen einen Menschen danach, was und wie er mit uns und anderen kommuniziert. Sein gesamtes Verhalten im Gespräch entfaltet dabei eine bestimmte Wirkung auf uns, die dann positiv oder negativ bewertet wird. Klar ist, niemand wird einem Menschen ein souveränes Auftreten attestieren, wenn seine rhetorischen Fähigkeiten gleich null sind. Wir werden nun einmal zu großen Teilen an unserem Verhalten im Gespräch gemessen und beurteilen auch selbst – bewusst oder unbewusst – unser jeweiliges Gegenüber aufgrund seines Auftretens. Das heißt auch: Wo Menschen aufeinandertreffen, haben sie eine bestimmte Wirkung aufeinander. Das Verhalten im Gespräch wird damit zum Gradmesser für die eigene Persönlichkeit. Wenn Sie auf eine gekonnte, faire Dialektik zurückgreifen, werden Sie so nicht nur Ihre Gesprächsziele besser erreichen, Sie betreiben damit zugleich ein sehr wirkungsvolles Selbstmarketing. Und die moderne Welt mitsamt der auf fast allen Gebieten schärfer werdenden Konkurrenzsituation macht das auch erforderlich.

> Nutzen Sie die positiven Effekte überzeugender Gespräche für Ihr Selbstmarketing!

Denn der Erfolgreichste ist längst nicht immer der Beste oder Qualifizierteste. Was letztlich zählt, ist nicht allein, was man ist, was man kann oder nicht kann – es ist immer auch das Bild, das sich andere von einem Menschen machen. Und dieses Bild, unser Image, lässt sich zielgerichtet gestalten, und zwar mithilfe guter Gespräche.

7.2 Die Sprache des Gegenübers sprechen

An einem durchschnittlichen Tag führt jeder Mensch etliche Gespräche, bei denen es nicht nur um völlig unterschiedliche Themen geht, sondern bei denen wir auch auf völlig unterschiedliche Menschen treffen. Etwas überspitzt gesagt, spricht jeder dieser Menschen seine eigene Sprache, und genau genommen sogar mehrere – womit keine Fremdsprachen gemeint sind. Wir sprechen mit dem Lebenspartner, mit Kunden, dem Auszubildenden, dem Vorgesetzten, jungen und alten, reichen und weniger wohlhabenden, intelligenten und weniger klugen, gut gelaunten und niedergeschlagenen Menschen. In allen Fällen bedarf es einer unterschiedlichen Sprache, um sich verständlich machen und auf einer Wellenlänge miteinander agieren zu können. Und es ist gar nicht so einfach, in allen Fällen den jeweils richtigen Ton zu treffen. Unabhängig davon, was wir dann sagen, werden wir keine gemeinsame Basis finden, wenn die Sprache nicht stimmt.

Wer sich mit einem achtjährigen Kind unterhält, wird seine Sprache intuitiv dem Niveau des Kindes anpassen. Würden wir in einer beruflichen Verhandlung mit einem wichtigen Geschäftspartner in der gleichen Weise sprechen, würde er uns vermutlich für übergeschnappt halten. Die Sprache entscheidet also darüber, welches Bild sich ein Gesprächspartner von uns macht. Wem es nicht völlig gleichgültig ist, was im Kopf des Gesprächspartners vorgeht, ist gut beraten, seine Sprache am Gegenüber auszurichten. In vielen Fällen geschieht das beinahe wie von selbst, beispielsweise käme wohl niemand auf die Idee, mit einem kleinen Kind so zu sprechen wie mit einem Erwachsenen. Sie reden auch mit Freunden anders als mit Fremden, mit Ihrem Chef nicht so wie mit Kollegen usw. Immer geht es darum, eine gemeinsame Sprache zu finden. Denn wer sich im Ton vergreift, provoziert Distanz und vermindert damit seine Überzeugungskraft.

Wenn keine sprachliche Anpassung erfolgt, weiß der Gesprächspartner im Extremfall absolut nicht, wovon der andere spricht
– denken Sie doch nur einmal an einen versierten
Experten für ein bestimmtes Fachgebiet. Versteht
dieser es nicht, seine Sprache vom Fachjargon zu
befreien, kann er von vielen Menschen einfach
nicht verstanden werden. Manchmal ist man
nach solchen Gesprächen genauso schlau wie
davor, man ahnt allenfalls, dass der Gesprächspartner vielleicht doch etwas Wichtiges zu sagen
hatte. Nur was?

> Eine echte Verstän-
> digung im Gespräch
> kann nur gelingen,
> wenn die Beteiligten
> eine gemeinsame
> Sprache sprechen.

Wer mit anderen spricht, will verstanden werden und den anderen
ebenfalls verstehen. Deshalb ist es notwendig, eine Sprache zu sprechen, die sowohl zur Situation als auch zum jeweiligen Gesprächspartner passt. Dafür jedoch braucht es einmal mehr Einfühlungsvermögen. Gelungene Gespräche benötigen einen Grundton, der
zeigt, dass beide Gesprächspartner aneinander interessiert sind.
Sie wollen es sich gegenseitig leicht und nicht unnötig schwer machen. Das Ergebnis ist eine partnerzentrierte Sprache, die sich an
den Bedürfnissen des jeweiligen Gegenübers ausrichtet. Sie ist auf
der einen Seite geprägt von Klarheit und Verständlichkeit, auf der
anderen Seite steht das aufmerksame Zuhören.

Eine partnerzentrierte Sprache basiert auf Empathie. Es hilft niemandem, einen Redeschwall über den Gesprächspartner zu ergie-
ßen, ohne zu wissen, welche Sprache er überhaupt spricht. Denken
Sie bei Ihren Gesprächen also daran, mit wem Sie sprechen, über
welchen Kenntnisstand er verfügt, wo seine Empfindlichkeiten
liegen und sogar, wie seine aktuelle Stimmung ist. Passen Sie Ihre
Sprache, Ihr Vokabular und den Tonfall den jeweiligen Gegeben-
heiten individuell an.

Versuchen Sie:

- Abschweifungen und unnötige Längen zu vermeiden;
- keinen Fachjargon und keine Fremdwörter zu verwenden, wenn Sie nicht sicher sind, dass Ihr Gesprächspartner die Begriffe kennt;
- weder zu schnell noch zu leise oder zu laut und nicht zu hoch oder zu monoton zu sprechen;
- eine lebendige, anschauliche Sprache zu verwenden;
- mit Wiederholungen sparsam umzugehen;
- nicht ewig auf ein und derselben Sache herumzureiten;
- Ihren Gesprächspartner nicht zu unterbrechen, wenn es nicht tatsächlich erforderlich ist;
- nicht einfach eine Behauptung an die nächste zu reihen;
- Ihrem Gesprächspartner Interesse zu signalisieren und ihm aufmerksam zuzuhören.

Passen Sie sich also an die Sprache Ihrer Gesprächspartner an. Mit etwas Einfühlungsvermögen erfahren Sie sehr schnell, welche Sprache Ihr Gegenüber spricht. Wenn Sie eine gemeinsame Sprache finden, wird das ganze Gespräch unter positiven Vorzeichen stattfinden. Alle negativen Gefühle hingegen stehen Ihrer Überzeugungskraft im Weg. Positive Gefühle wecken Sie auf keine Weise besser als über eine Sprache, die Interesse, Aufmerksamkeit und Wertschätzung signalisiert.

Und es schadet sicher nicht, einmal durchaus selbstkritisch über die eigenen Sprachgewohnheiten nachzudenken. Haben Sie bestimmte Marotten, die Ihre Gespräche negativ beeinträchtigen und die im Lauf der Zeit zur Gewohnheit geworden sind? Nur wenn Sie sich dessen bewusst werden, können Sie positive Veränderungen einleiten.

Übrigens: Das alles soll natürlich keine Ermunterung sein, den Gesprächspartnern nach dem Mund zu reden. Ein souverän auftretender Mensch vertritt seine eigene Meinung – durchaus auch mit Nachdruck. Doch wird er darauf achten, dass seine Argumente vom Gegenüber auch verstanden werden und so ankommen, wie sie gemeint sind. Gerade in kontroversen Situationen ist es daher hilfreich, wenn die Gesprächspartner die Verständigung nicht dadurch unnötig erschweren, dass sie sich schon rein verbal voneinander distanzieren. Wenn zwischen zwei Gesprächspartnern schon rein sprachlich Welten liegen, klafft eine Schlucht, die meist kaum mehr überbrückt werden kann. Eine Verständigung ist dann oft nicht mehr möglich oder wird zumindest sehr schwierig. Schon deshalb ist es vorteilhaft, sich sprachlich dem Gesprächspartner anzunähern.

7.3 Im richtigen Moment schweigen

Was oft vergessen wird: Zu einer insgesamt souveränen Kommunikation gehört nicht nur der gekonnte Einsatz dialektischer Kenntnisse im Gespräch – vielfach ist es genauso wichtig, im richtigen Moment zu schweigen oder sogar bestimmte Gespräche ganz zu verweigern. Denn wer dauerhaft in einem guten Licht dastehen möchte, ist gut damit beraten, seine Vertrauenswürdigkeit nicht zu verspielen, indem er sich an Intrigen, Klatsch und Tratsch sowie an Schuldzuweisungen und Anschwärzungen beteiligt. Schließlich ist die Kommunikation der Maßstab, mit dem die Glaubwürdigkeit eines Menschen gemessen wird. Eine Person, die Intrigen schmiedet, sich allzu oft zu unbedachten Äußerungen hinreißen lässt und in der Gerüchteküche mitmischt, hat zwar immer etwas zu erzählen, wird von anderen jedoch sicher niemals große Vertrauenswürdigkeit attestiert bekommen. Früher oder später wird ihr Ruf sogar ruiniert sein. Und es dauert dann sehr lange, verloren gegangenes Vertrauen wieder neu aufzubauen; oft wird es nie gelingen.

Die Beteiligung an verschiedenen Taktlosigkeiten wird schnell mit Charakterschwäche gleichgesetzt. Und in der Tat ist die Ursache für Indiskretionen letztlich vor allem die fehlende Courage. Denn es erfordert Mut und Feingefühl, bestimmte Grenzen zu stecken und selbst nicht zu übertreten sowie den eigenen Mitteilungsdrang zu bremsen beziehungsweise in konstruktive Kanäle zu lenken.

> **Bewahren Sie Ihre persönliche Integrität und Vertrauenswürdigkeit, indem Sie sich an Klatsch und Tratsch und an Intrigengesprächen nicht beteiligen! Damit unterstreichen Sie einmal mehr Ihr positives Image.**

Allerdings ist es mit der Diskretion insgesamt oft nicht weit her – schnell kommt ein Wort zum anderen, wobei die Sachverhalte gern noch farbenfroh ausgeschmückt und mit eigenen Kommentaren gewürzt werden. Gerade das unter dem Deckmantel der Verschwiegenheit Mitgeteilte, das „Geheime", Private oder gar Intime scheint durch seine Exklusivität einen besonderen Reiz auszuüben. Viele Menschen sind geradezu begierig darauf, irgendeine Besonderheit zu erhaschen, um mit dieser hinter vorgehaltener Hand hausieren gehen zu können. Damit ist dann sicher für reichlich Gesprächsstoff gesorgt – die persönliche Integrität ist derweil dahin, was sich eher früher als später als Nachteil erweisen wird.

Wer also sein Image nicht beschädigen will, ist daher gut beraten, Distanz zu allen Taktlosigkeiten zu wahren und sich nicht an allen Gesprächen zu beteiligen. In Verbindung mit dem Mut zu einem offenen Wort im Rahmen fairer Gespräche führt das dauerhaft zu einem höheren Ansehen. Die Dinge geradeheraus und unverhohlen anzusprechen ist eine Fähigkeit, mit der die Reputation eines Menschen wächst. Auf Klatsch und dergleichen sollten wir also sehr skeptisch reagieren und uns schon gar nicht aktiv daran beteiligen. Setzen Sie stattdessen lieber auf Gradlinigkeit und Offenheit – womit Sie zugleich eine klare Abneigung gegenüber allen Doppelzüngigkeiten demonstrieren. Eine gradlinige und offene Kommunikation wirkt obendrein fast immer ansteckend. Wer die Dinge, insbesondere auch Streitpunkte, beim Namen nennt, Probleme offen und zugleich respektvoll anspricht und damit den Kern der Sache anpackt, gibt damit ein unmissverständliches Statement über sich selbst ab. Und gerade schwächere Charaktere neigen dazu, die Kommunikations- und Verhaltensweise anderer zu adaptieren. Somit kann eine reife und integre Persönlichkeit durchaus eine Kettenreaktion auslösen und positiv auf ihre Außenwelt abstrahlen. Es zeigt sich gerade in vertrackten Situationen immer wieder, dass nur irgendwer den Anfang machen und ein offenes Wort sprechen muss, um damit einen Knoten zu lösen. Dieser „Irgendjemand" ist dann meist allerdings eben nicht irgendwer, sondern eine starke Persönlichkeit, die den Überblick behält und dies mittels einer gekonnten Dialektik nach außen transportiert. Gerade bei Streitpunkten und ernsthaften Problemsituationen, ob nun privater oder beruflicher Natur, zeugt es immer von Reife, wenn die Ursachen beim Schopf gepackt werden. – Gehen Sie also mit gutem Beispiel voran, es lohnt sich.

Denn eines gilt für alle Bereiche des Lebens: Wir sind immer von Menschen umgeben. Und diese Menschen haben einen großen Einfluss darauf, wie wir uns selbst fühlen und ob und in welchem Maße wir unsere Ziele erreichen. Gerade das berufliche Vorankommen hängt daher zu großen Teilen von Kollegen und Vorgesetzten ab. Deshalb ist die Fähigkeit, andere Menschen für sich und die eigenen Ziele zu gewinnen, so nützlich. Im richtigen Moment schweigen zu können ist damit in vielen Fällen ein wahrer Erfolgsfaktor. Das betrifft auch einen ganz anderen Aspekt: das Jammern und Klagen.

Im Beruf ist es vielerorts schon zur Gewohnheit geworden, dem Kollegen auf dem Weg zur Kaffeemaschine das eigene Leid vorzujammern – der Termindruck, die ständige Überlastung, der schwierige Kunde, die anderen verständnislosen Kollegen, der entrückte Chef und überhaupt. Das mag für den Moment Erleichterung bringen. Die Frage ist jedoch: Wer hört zu und wem erzählt er es weiter? Im Beruf kann es überaus karriereschädigend sein, gegenüber Kollegen, Mitarbeitern oder gar dem Chef zu jammern. Denn beim Jammern werden bestehende Probleme schließlich nicht rational angesprochen, es ist ein emotional überzogenes Beklagen über mal dies, mal das. Wer sich hier nicht bremsen kann, hat schnell den Ruf eines „Weicheis" und ganz sicher nicht den einer starken Persönlichkeit. Außerdem kann man nie wissen, welche Kreise ein unbedacht geäußertes Wort ziehen wird. Wer sich selbst kein Hindernis sein will, sollte niemals öffentlich Überforderung zeigen. Denn es ist immer ein Widerspruch, wenn jemand einerseits die Absicht erklärt, eine höhere Stellung anzupeilen, andererseits jedoch schon der gegenwärtigen Position nicht gewachsen ist. Auch sollte man sich damit zurückhalten, sich über widrige Umstände, Termindruck und die bösen Kollegen oder sonst wen zu beklagen. – Für Entscheidungsträger sind und bleiben Mitarbeiter, die fortwährend über ihre Arbeit oder ihr Umfeld stöhnen, Kandidaten aus der zweiten oder dritten Reihe. Statt sich nun an Klatsch und Tratsch zu beteiligen und anderen die Ohren vollzujammern, ist es ganz bestimmt hilfreicher, positiv zu kommunizieren. Vielen fällt genau das nicht leicht, wenn es heißt, gut über sich selbst zu sprechen.

7.4 Positive Selbstdarstellung

Vielen Menschen gehen Klagen allzu leicht über die Lippen. Und es fällt ihnen auch nicht schwer, über all die Dinge zu sprechen, die sie falsch gemacht haben oder nicht können. Das fördert weder die eigene Karriere noch stärkt es die eigene Reputation – im Gegenteil. Statt nun stets die negativen Seiten zu betonen, ist es im Beruf weitaus vorteilhafter, sich selbst und die eigenen Leistungen positiv darzustellen. Denn wenn wir schon selbst nicht gut über uns reden, warum sollten es dann die anderen tun? Es gilt also, keine falsche Bescheidenheit an den Tag zu legen und die eigenen Leistungen ins rechte Licht zu rücken. Besonders die Intelligenten haben längst bemerkt, dass gerade im Beruf nicht allein die Leistung zählt, sondern die Wahrnehmung ihrer Leistung. Und wer clever ist, zieht daraus die logische Konsequenz, mehr Aufmerksamkeit dafür aufzuwenden, dass die richtigen Leute ihre Leistung auch erkennen.

Um es vorwegzunehmen: Das heißt nicht, ständig und überall mit den eigenen Taten und Fähigkeiten herumzuprahlen. Hier geht es nicht um Schaumschlägerei und eitle Selbstbeweihräucherung. Ein allzu exaltiertes Gebaren richtet meistens eher einen Imageschaden an und hat nur selten nachhaltig positive Auswirkungen. Deshalb geht es darum, schlicht und einfach zu zeigen, was man kann. Dafür braucht es etwas Einfühlungsvermögen und ein Gespür für den rechten Augenblick. Denn Penetranz hilft Ihnen nicht weiter und bringt meistens mehr Nachteile als Vorteile mit sich, nur sind ständige Zaghaftigkeit und Zurückhaltung auch keine Lösung.

Allerdings fällt es vielen Menschen schwer, sich selbst in angemessener Form positiv darzustellen. Das liegt auch daran, dass ihnen selbst gar nicht bewusst ist, was sie wirklich gut können und machen und welche ihrer Leistungen tatsächlich erwähnenswert sind. Hinzu kommt noch die (unbewusste) Angst, als Aufschneider dazustehen, was dann zusammengenommen geradewegs in die Bescheidenheitsfalle führt. Selbstzweifel oder ein ungesunder Perfektionismus, der keine Zufriedenheit mit einem Ergebnis erlaubt, tragen dazu bei, dass eine tatsächliche Wertschätzung der eigenen Leistung ausbleibt. Doch nur wer die eigene Leistung richtig bewertet, kann daraus für zukünftige Aufgaben die entsprechenden Schlüsse ziehen und mit Vertrauen in die eigenen Fähigkeiten neue Herausforderungen annehmen und bewältigen. Nur wer seine Potenziale erkennt, kann sie auch ausschöpfen.

An dieser Stelle beginnt das Selbstmarketing, das letztlich nichts anderes bedeutet, als das Bild (Image), das sich andere von uns machen, bewusst mitzugestalten. Schließlich hat jeder Mensch, ob er nun will oder nicht, ein bestimmtes Image. Und es liegt an jedem selbst, seinen Teil dazu beizutragen, wie dieses Image ausfällt. Legen Sie also die falsche Bescheidenheit ab. Machen Sie sich bewusst, was Sie können, und zeigen Sie, was Sie können!

Die meisten Menschen können aus dem Stegreif eine ganze Liste an Dingen herunterbeten, die sie nicht oder ihrer Ansicht nach nicht gut genug können. Nach ihren Stärken gefragt, herrscht dann schnell betretenes Schweigen, oder es werden ein, zwei Punkte eher entschuldigend hervorgebracht. Für einen weiteren beruflichen Karrieresprung reicht diese Vorgehensweise oft nicht. Machen Sie sich also Ihre Stärken bewusst und sich selbst nicht kleiner, als Sie sind, indem Sie ständig davon reden, worin Sie sich noch verbessern müssten und in welchen Bereichen Sie noch Schwächen haben. Akzeptieren Sie anerkennende Worte zu Ihrer Arbeit und seien Sie stolz darauf, nicht verlegen. Reden Sie von den guten Ergebnissen und Fortschritten in Ihrer Arbeit. Zeigen Sie Ihre Erfolge! Wenn Sie ausnahmslos nur von Ihren Problemen sprechen, zeichnen Sie damit ein negatives Bild von sich selbst. Auch nehmen Sie damit Ihrem Gegenüber die Möglichkeit, Ihre Arbeit und Ihren Beitrag zu Erfolgen wirklich wertzuschätzen.

> Eine positive Selbstdarstellung hat nichts mit Angeberei oder Arroganz zu tun, solange Sie sich dabei auf Ihre tatsächlich vorhandenen Stärken und Qualitäten stützen und die Leistungen anderer Menschen nicht abwerten.

Die Sorge, dass man Ihnen Arroganz und Eitelkeit unterstellen wird, wenn Sie sich und Ihre Arbeit selbstbewusst präsentieren, ist unbegründet. Diese Gefahr besteht nicht, solange Sie sich auf Ihre tatsächlich vorhandenen Stärken berufen und sich dabei nicht über andere erheben.

> Zu einem effektiven Selbstmarketing gehört auch, positiv über sich selbst und die eigenen Leistungen zu sprechen.

Das Ziel einer positiven Selbstdarstellung ist letztlich, in einer Weise auf sich aufmerksam zu machen, dass Sie sich als individuelle Persönlichkeit mit Ihrer qualifizierten Arbeit in der Wahrnehmung des Umfelds von Ihren Mitbewerbern, Konkurrenten oder Kollegen (die auch

Ihre Konkurrenten sein können) positiv abheben. Damit verschaffen Sie sich ein Profil, das Sie unverwechselbar macht und dessen positive und überzeugende Wirkung spürbar zu Ihrem eigenen Erfolg beitragen wird.

Wie so oft kommt es hierbei wiederum auf das Verhalten im Gespräch und darauf an, was und wie Sie etwas sagen und was Sie für sich behalten. Dabei zählt insbesondere, dass gute dialektische Kenntnisse vom eigenen Umfeld immer mit Intelligenz und Kompetenz in Verbindung gebracht werden. Umgekehrt wird ein Mensch, der sich nicht artikulieren kann, es immer schwer haben, von seinem Umfeld als besonders geistreich wahrgenommen zu werden. Wer sich nur vage und nebulös artikuliert, wird damit kaum seine Leistungsfähigkeit untermauern. Eine gute Sprache hingegen wird von unseren Gesprächspartnern immer mit Klarheit im Denken und Handeln gleichgesetzt. Mit einer klaren, verbindlichen Sprache können wir die eigene Entschlossenheit überzeugend nach außen tragen. Entscheidend ist dabei weniger, dass wir stilistisch und rhetorisch distinguiert sprechen – wichtiger ist, wie unsere Worte für die Ohren unserer Gesprächspartner klingen.

Denken Sie insbesondere bei Ihren beruflichen Gesprächen also immer daran, dass Sie mit jedem Gespräch eine Empfehlung Ihrer Persönlichkeit geben. Bedenken Sie, wie Ihr Gegenüber Ihre Worte wahrnimmt, was Sie verbessern und wie Sie störende Elemente reduzieren können.

7.5 Selbstdarstellung ist nur etwas für extrovertierte Menschen!

Die Sache mit dem Selbstmarketing klingt zwar plausibel, doch in der täglichen Praxis ist das doch nur etwas für extrovertierte Menschen, die ohnehin immer in der ersten Reihe stehen. Für die, die es wirklich nötig hätten, also für die eher zurückhaltenden Menschen, ist das Ganze nichts – ganz einfach, weil es ihnen nicht liegt, sich zu präsentieren.

Es stimmt: Nicht jeder geht gern mit seinen Fähigkeiten und Leistungen hausieren. Vielen widerstrebt es, fortwährend alles an die große Glocke zu hängen und dabei penetrant auf die Umgebung einzuwirken. Man will schließlich nicht jede Kleinigkeit laut hinausposaunen. Allerdings hätte all dies auch wenig mit einem guten Selbstmarketing zu tun. Schließlich geht es nicht um Aufschneiderei, sondern darum, sich selbst ins rechte Licht zu rücken. Das bedeutet auch, sich nicht schlechter zu machen, als man tatsächlich ist. Dazu braucht es keinerlei Extrovertiertheit. Im Gegenteil: Die eher Bescheidenen haben oft sogar die besseren Karten, schließlich sind es meist sie und nicht die Schaumschläger, die gut ankommen. Der etwas introvertierte Mensch läuft nicht Gefahr, mit einer Überdosierung seiner Aktivitäten andere Menschen vor den Kopf zu stoßen. Deshalb ist es oft sogar ein deutlicher Vorteil, mit besonderer Sensibilität ausgestattet zu sein. Schließlich geht es beim Selbstmarketing darum, eine möglichst positive Wirkung auf das (berufliche) Umfeld auszuüben und dabei Negativeffekte bewusst zu vermeiden. Das heißt, wir müssen nicht ständig aktiv etwas tun und die Initiative ergreifen, oft ist schon viel damit erreicht, bestimmte Dinge nicht mehr zu tun, beispielsweise die eigenen Leistungen kleinzureden oder die eigenen Stärken selbst herunterzuspielen. Dazu ist jeder, selbst der zurückhaltendste Mensch, in der Lage. Allerdings ist dafür zugleich eine Verhaltensänderung erforderlich. Wer beispielsweise schon gewohnheitsgemäß auf anerkennende Worte mit „Ach, das war doch halb so wild" antwortet, könnte stattdessen ganz einfach etwas in der Art sagen wie: „Das habe ich gern für Sie getan."

Gerade auch weniger extrovertierte Menschen können die Effekte einer positiven Selbstdarstellung zu ihrem Vorteil nutzen.

Ein gutes Selbstmarketing besteht aus einer Vielzahl kleinerer Aspekte und erfordert ein gutes Gespür für die jeweilige Situation. Mit einer übertriebenen Selbstdarstellung hat das nichts zu tun, das Ziel ist vielmehr, sich vor allem nicht selbst zu sabotieren. Wie Sie in diesem Kapitel bereits gelesen haben, gibt es zahlreiche Möglichkeiten, aktives Selbstmarketing zu betreiben, indem Sie bestimmte Dinge *nicht* machen, beispielsweise:

- Beklagen Sie sich nicht über widrige Umstände, Überlastung und Termindruck.
- Beteiligen Sie sich nicht an Intrigen und verbreiten Sie keine Gerüchte.
- Zeigen Sie sich nicht überfordert.
- Seien Sie nicht impulsiv oder aufbrausend.
- Vertuschen Sie Ihre eigenen Fehler nicht.
- Kommen Sie nicht unpünktlich.
- Gebaren Sie sich nicht desinteressiert.
- Sperren Sie sich nicht gegen neue Herausforderungen.

Wenn Sie nun außerdem Ihre eigenen Stärken erkennen, Ihre Meinung entschlossen vertreten, verbindlich auftreten und in Gesprächen die Regeln einer fairen Dialektik bewusst einsetzen, sind Sie in Sachen Selbstmarketing einigen Konkurrenten schon einen großen Schritt voraus – ohne sich dabei in extrovertierter Weise präsentieren zu müssen.

Was man sagt, wenn man nichts sagt

„Gespräche an sich sind heute oft schon Mangelware, gute Gespräche fast eine Rarität." – Dieser Satz steht in meinem Buch *Erfolgreich führen durch gelungene Kommunikation*, das im Jahr 2005 erschienen ist. Es ist also schon eine ganze Weile her, dass ich diesen Satz geschrieben habe. Die Situation hat sich bis heute wenig geändert. Im Privaten wie im Beruflichen werden Gespräche vielerorts als unnötig oder gar als Zeitverschwendung betrachtet. Wer sich ein wenig mit der Materie auskennt, weiß sehr genau, dass das Gegenteil der Fall ist: Zu selten oder falsch geführte Gespräche strapazieren die Beziehungen und sind eine wesentliche Ursache für Konflikte, Missverständnisse und Fehler – dadurch entstehen unnötige Kosten, und es werden Energie und Zeit verschwendet. Dennoch wird das Gespräch noch immer nicht gesucht, sondern gemieden, manchmal sogar in der Annahme, es wäre besser, lieber nichts zu sagen, als etwas Falsches zu sagen.

Nun weiß heute jedes Schulkind, dass es unmöglich ist, nicht zu kommunizieren. Doch erstaunlicherweise wird es trotzdem immer wieder versucht. Dahinter stehen dann Gedanken in der Art von „Ich sage ihr lieber nichts, sonst gibt es nur Ärger" oder (im Beruf) „Es ist besser, die Mitarbeiter nicht zu informieren. Die machen sich sonst nur Sorgen". Im ersten Fall wird jedoch bald der Verdacht aufkeimen, dass irgendetwas nicht stimmt. Und im Unternehmen werden die Mitarbeiter merken, dass plötzlich ständig Sitzungen hinter verschlossenen Türen stattfinden und dass insgesamt eine angespannte Atmosphäre herrscht.

Der Umstand also, dass über die Sache nicht gesprochen wird, wird damit selbst zur unterschwellig kommunizierten Information. Gerade weil offensichtlich bewusst nichts gesagt wurde, muss ja etwas Bedeutungsvolles dahinterstecken. Bald brodelt die Gerüchteküche, werden Verhaltensweisen in jede nur denkbare Richtung interpretiert, und es wird wild spekuliert. Schließlich machen sich Unsicherheit und Verärgerung breit; und weil nicht miteinander gesprochen wurde, ist genau die Situation entstanden, die ursprünglich vermieden werden sollte.

Lesen Sie diesen Satz bitte nicht!

Genau das wird Ihnen nicht gelingen, und es wäre auch unmöglich. Denn in dem Moment, in dem Sie überlegen können, ob Sie sich daran halten wollen oder nicht, haben Sie schon keine Entscheidungsfreiheit mehr, da Sie den Satz dann bereits gelesen haben. Ganz ähnlich ist der Versuch, nicht zu kommunizieren und Gespräche zu unterlassen, um etwas nicht zu sagen. Sobald eine nahestehende Person oder ein Mitarbeiter im Unternehmen den Eindruck bekommt, das irgendetwas im Busch ist, wird er mit größter Aufmerksamkeit auf jede Kleinigkeit achten, um Indizien dafür zu sammeln, was denn los sein könnte. Das führt zu teils radikalen Überinterpretationen, was auch naheliegend ist – schließlich wurde etwas bewusst verschwiegen. Und wenn das so ist, muss es etwas Wichtiges sein, das mich persönlich betrifft. Also wird alles getan, um das Nichtausgesprochene zu erraten.

Das bedeutet: Auch damit, dass etwas nicht gesagt wurde, ist viel gesagt. Wenn etwas unausgesprochen bleibt, sind letztlich nur zwei Schlussfolgerungen möglich: Entweder die Sache ist so unbedeutend, dass sie der Rede nicht wert ist – oder aber so brisant, dass ich es nicht erfahren soll. Was aufgrund dieser Schlussfolgerung geschieht, ist kaum kontrollierbar. Und wenn dann schließlich ein Gespräch folgt, in dem alle Informationen auf den Tisch gelegt werden, ist die Sache damit noch lange nicht geklärt. Denn inzwischen ist das Misstrauen gewachsen und gleichzeitig die Glaubwürdigkeit desjenigen geschrumpft, der das Gespräch anfangs gemieden hat. Wird das Ganze als Lappalie dargestellt, keimt schnell der Gedanke auf, dass da doch mehr dahinterstecken muss. Handelt es sich tatsächlich um ein größeres Problem, kommen schnell Zweifel, dass eine Lösung möglich ist – denn sonst hätte man ja gleich darüber sprechen können.

Wenn Sie dieses Buch gelesen haben, können Sie Ihr persönliches Verhalten in Gesprächen besser einschätzen und sind zugleich in der Lage, selbst unter erschwerten Bedingungen, Ihre Gesprächsziele besser zu erreichen. Denken Sie jedoch auch daran, dass es in sehr vielen Fällen weitaus effektiver, zeit- und energiesparender ist, das Gespräch zu suchen, als Gesprächen aus dem Weg zu gehen. Das gilt insbesondere für sogenannte unangenehme Gespräche. Gerade in solchen Fällen machen Sie es sich selbst am leichtesten, wenn Sie rasch handeln, statt eine Klärung aufzuschieben. Indem Sie nichts sagen, sagen Sie in vielen Fällen das Falsche.

Gerade weil es nicht möglich ist, nicht zu kommunizieren, kann es nur das Ziel sein, bewusst, effektiv und erfolgreich zu kommunizieren. Nutzen Sie also das Gespräch als das wohl wichtigste Instrument, das Ihnen zur Verfügung steht, wenn es darum geht, das eigene Leben und die Wahrnehmung Ihrer Persönlichkeit aktiv zu gestalten.

Literaturverzeichnis

ETRILLARD, STÉPHANE: *30 Minuten für intelligente Schlagfertigkeit.* Offenbach: Gabal, 2004.

ETRILLARD, STÉPHANE: *Auftritt und Wirkung. Souverän überzeugen – im kleinen Kreis und vor großem Publikum.* Paderborn: Junfermann, 2015.

ETRILLARD, STÉPHANE: *Charisma. Einfach besser ankommen. 55 Fragen und Antworten zum Mythos Charisma. Von grauen Mäusen und echten Persönlichkeiten.* Paderborn: Junfermann, 2010.

ETRILLARD, STÉPHANE: *Gesprächsrhetorik. Schnell und effektiv. Überzeugen in Gesprächen und Verhandlungen.* Göttingen: BusinessVillage, 2005.

ETRILLARD, STÉPHANE: *Mit Diplomatie zum Ziel: Wie gute Beziehungen Ihr Leben leichter machen.* Offenbach: GABAL, 2013.

ETRILLARD, STÉPHANE: *Prinzip Souveränität – Als souveräne Persönlichkeit sicher entscheiden und handeln.* Zürich: Midas Management, 2014.

ETRILLARD, STÉPHANE: *Rhetorik für Professionals I – Souveräne Gesprächsführung* (Audio-Coaching, 6 CDs). Bergisch-Gladbach: Breuer & Wardin, 2006.

ETRILLARD, STÉPHANE: *Rhetorik für Professionals II – Souveränes Auftreten in Präsentationen, Diskussionen und Interviews* (Audio-Coaching, 6 CDs). Bergisch-Gladbach: Breuer & Wardin, 2006.

ETRILLARD, STÉPHANE: *Selbst-PR für Verkäufer.* Wiesbaden: Gabler, 2005.

ETRILLARD, STÉPHANE; MARX-RUHLAND, DORIS: *Erfolgreich führen durch gelungene Kommunikation: Die sieben Grundregeln für perfekte Gesprächsführung.* Göttingen: BusinessVillage, 2005.

GLASL, FRIEDRICH: *Konfliktmanagement – Ein Handbuch für Führungskräfte, Beraterinnen und Berater.* Stuttgart: Freies Geistesleben, 2011.

GOLEMAN, DANIEL: *Emotionale Intelligenz.* München: dtv, 2004.

KELLNER, HEDWIG: *Rhetorik: Hart verhandeln – erfolgreich argumentieren.* München: Hanser, 1999.

LEDOUX, JOSEPH: *Das Netz der Persönlichkeit. Wie unser Selbst entsteht.* Düsseldorf: Walter Verlag, 2003.

ROGERS, CARL R.: *Der neue Mensch.* Stuttgart: Klett-Cotta, 2007.

ROSENBERG, MARSHALL B.: *Gewaltfreie Kommunikation. Eine Sprache des Lebens.* Paderborn: Junfermann, 2001.

RHODE, RUDI; MEIS, MONA SABINE; BONGARTZ, RALF: *Angriff ist die schlechteste Verteidigung: Der Weg zur kooperativen Konfliktbewältigung.* Paderborn: Junfermann, 2003.

SCHULZ VON THUN, FRIEDEMANN: *Miteinander reden.* Reinbek bei Hamburg: Rowohlt-Taschenbuch-Verlag, 2001.

UEDING, GERT: *Klassische Rhetorik.* München: C.H. Beck, 2000.

UEDING, GERT: *Moderne Rhetorik.* München: C.H. Beck, 2000.

UEDING, GERT: *Grundriss der Rhetorik.* Stuttgart: Metzler, 1994.

WEISBACH, CHRISTIAN-RAINER: *Professionelle Gesprächsführung.* München: dtv, 2003.

Über den Autor

Stéphane Etrillard ist internationaler Keynote Speaker und zählt zu den meistgefragten und besthonorierten Topwirtschaftstrainern im deutschsprachigen Raum.

Der mehrsprachige Vortragsredner gilt als führender europäischer Experte für „persönliche Souveränität". Stéphane Etrillard, Kosmopolit französischen Ursprungs, lebt in der Kulturmetropole Berlin. In seiner Freizeit beschäftigt er sich leidenschaftlich mit Philosophie, Literatur und Klaviermusik und lernt mit großer Begeisterung das Klavier spielen.

Sein einzigartiges Know-how ist in fast 20 Jahren in der Beobachtung und Begleitung von mehreren Tausend Führungs- und Nachwuchskräften aus unterschiedlichsten Branchen entstanden. Zudem wurde er als Ausnahmepersönlichkeit unter die Top 100 Speakers aufgenommen. Mit seinen Privatissima im Bereich Rhetorik, Dialektik und Körpersprache sowie Selbst-PR verhilft er seinen Kunden zu mehr Souveränität in allen Lebenslagen. Er steht einigen der angesehensten Familien Europas als Privatcoach mit Rat und Tat zur Seite. Zu seinen Klienten zählen Manager aus Topunternehmen, mittelständische Unternehmer und Politiker sowie viele Menschen, die sich bei ihm neue Impulse holen, um ihre Kommunikation noch souveräner und ihr Leben erfolgreicher zu gestalten.

Er gilt in der Branche und für die Presse als Star unter den Managementtrainern. 2013 wurde sein neuestes Buch *Mit Diplomatie zum Ziel* im *WirtschaftsBlatt* in die Top Ten der deutschsprachigen Wirtschaftsbücher aufgenommen.

Durch zahlreiche Vorträge und Publikationen ist er einem breiten Publikum bekannt geworden. Er ist Autor von über 40 Büchern und Audio-Coaching-Programmen, die zu den Business-Topsellern zählen. Täglich lesen über 30.000 Menschen seine Coaching-Impulse in den sozialen Netzwerken.

Entwickeln Sie Ihre Ausstrahlung

80 Seiten, kart. • € (D) 9,95 • ISBN 978-3-87387-762-7

STÉPHANE ETRILLARD
»Charisma«

Einfach besser ankommen

Erfahren Sie mehr über das Phänomen Charisma, indem Sie das Buch von Stéphane Etrillard zur Hand nehmen und finden Sie heraus, wie auch Sie Charisma entwickeln können.

Stéphane Etrillard beantwortet in seinem Buch 55 Fragen rund um das Thema Charisma. Dabei nennt er klare Kriterien, die einen charismatischen Menschen ausmachen und zeigt auf, dass Charisma durchaus erlernbar ist. Etrillard legt dar, wie es einem jeden gelingen kann, durch Persönlichkeitsentwicklung und Optimierung der Ausstrahlung Charisma zu erwerben.

Stéphane Etrillard (geb. 1966) gilt als führender Experte zum Thema »persönliche Souveränität«. Bei Führungskräften ist er als »Trainer der neuen Generation« gesucht und bekannt. Mit seinen Seminaren in den Bereichen Rhetorik/Dialektik sowie Selbst-PR verhilft er den Teilnehmern zu mehr Souveränität in allen Lebenslagen.

Schon gelesen? **»Kommunikation & Seminar«:**

Das Junfermann-Magazin für professionelle Kommunikation: NLP, Gewaltfreie Kommunikation, Coaching und Beratung, Mediation, Pädagogik, Gesundheit und aktive Lebensgestaltung.

Mit ausführlichen Schwerpunktthemen, Berichten über aktuelle Trends und Entwicklungen, übersichtlichem Seminarkalender, Buchbesprechungen, Interviews, Recherchen, Trainerportraits, ...
Mehr darüber? Ausführliche Informationen unter:

www.ksmagazin.de

Kennen Sie Ihre Kunden?

Achtsam die Innenwelt meistern

224 Seiten, kart. • € (D) 22,90 • ISBN 978-3-87387-682-8

REIHE KOMMUNIKATION • Coaching & Selbst-Coaching

INGEBORG & THOMAS DIETZ

»Selbst in Führung«

»Selbst in Führung« sein heißt, guten Zugang zu Gefühlen und Anteilen der Persönlichkeit zu haben und diese situativ bewusst zu steuern. Leser erfahren, wie gute Selbstführung sie befähigt, unabhängig von alten Mustern aus ihrem inneren Selbst heraus automatische Reaktionen, schwierige Wechselwirkungen und Konflikte souverän zu meistern.

Ingeborg & Thomas Dietz, seit 1989 als Trainer und Berater tätig, haben sich auf die Entfaltung emotionaler Intelligenz in Training und Coaching spezialisiert.

Die Kombination von Achtsamkeit, Körperwahrnehmung und Persönlichkeitsteilen – zusammen mit einem systemischen Verständnis und systematischen Vorgehen – ist in dieser Form einzigartig. Coaches und Trainer, Führungskräfte und alle, die erlebnisnah und emotional tief beraten wollen, finden wertvolle praktische Hinweise für die Arbeit mit der Innenwelt.

NLP im Verkauf

334 Seiten, kart. • € (D) 29,90 • ISBN 978-3-87387-127-4
REIHE: COACHING & BERATUNG – NLP im Verkauf

RICHARD BANDLER & PAUL DONNER

»Die Schatztruhe«

Richard Bandlers Meisterwerk für Verkäufer, Vertriebsmitarbeiter und all jene, die in ihrem Beruf noch erfolgreicher werden wollen: klar und übersichtlich geschrieben und mit vielen powervollen Übungen, die den künftigen Erfolg im Leser vorprogrammieren. Bestseller!

»Dieses Buch gehört in die Hände eines Jeden, der sich professionell mit Verkauf beschäftigt!« – Finanzwelt

»Endlich eine praktikable Methode für den Management-Alltag. Jeder kann sich und andere mit positiven Denkmustern motivieren – im Fachjargon: neurolinguistisch programmieren (NLP).« – Capital

Richard Bandler (Foto), Mitbegründer des Neurolinguistischen Programmierens, einer äußerst effektiven Kurzzeit-Therapie, die innerhalb weniger Jahre große Verbreitung und Anerkennung gefunden hat.

Paul Donner ist NLP-Trainer und früherer Mitarbeiter von Richard Bandler.

Weitere erfolgreiche Titel:

»Neue Wege der Kurzzeit-Therapie«
ISBN 978-3-87387-954-6
»Der große Zauberlehrling«
ISBN 978-3-87387-615-6
»Die NLP-Kartei – Master-Set«
ISBN 978-3-87387-718-4

www.junfermann.de

Ausstrahlung kann man trainieren

144 Seiten, kart. • € (D) 19,95 • ISBN 978-3-87387-732-0

MARTINA SCHMIDT-TANGER
»Charisma-Coaching«

Wie entsteht Charisma? Was ist angeboren und welcher Teil ist lernbar und für wen und wie? Die Coachingexpertin und Wirtschafts-psychologin Martina Schmidt-Tanger bietet zu dieser Fragestellung neues und spannen-des Wissen aus Psychologie, Hirnforschung, Selbstmanagement und Menschenführung. Das Buch bietet neben fundiertem Wissen zahlreiche Angebote zur Selbsterkenntnis und überzeugt mit selbststärkenden Coaching-Übungen (auch auf der beiliegenden CD).

»Ein Buch über Charisma? Kann man darüber überhaupt schreiben? Wenn es jemandem gelungen ist, das Unfassbare des Charismas in Worte zu fassen ... und damit fassbar zu ma-chen, dann Martina Schmidt-Tanger mit die-sem Buch.« – Dr. Marco von Münchhausen

Martina Schmidt-Tanger, Diplompsychologin und eine der Pionierinnen des Business-NLP, gehört in Deutschland zu den ersten Ausbildungstrainern für Coaching. Zum Thema Charisma hält sie Vorträge in Wirtschaft und Politik.

Das komplette Junfermann-Angebot rund um die Uhr – Schauen Sie rein!

Sie möchten mehr zu unseren aktuellen Titeln & Themen erfahren? Unsere Zeitschriften kennen-lernen? Veranstaltungs- und Seminartermine nachlesen? In aktuellen Recherchen blättern?

Besuchen Sie uns im Internet!

www.junfermann.de

Wege zu einer wertschätzenden Unternehmenskultur

224 Seiten, kart. • € (D) 22,90 • ISBN 978-3-87387-751-1

REIHE COACHING & BERATUNG • GFK im Business

GABRIELE LINDEMANN & VERA HEIM

»Erfolgsfaktor Menschlichkeit«

Wertschätzende Kommunikation ist eine Kernkompetenz für alle Menschen, die am Arbeitsplatz etwas bewegen wollen. Auf Basis ihrer langjährigen Erfahrungen in Unternehmen haben die Autorinnen das Modell der Gewaltfreien Kommunikation für den Geschäftsalltag anwendbar gemacht. In diesem Buch erfahren Sie, wie Sie sich effektiv ausdrücken, für Ihre Anliegen einstehen und gleichzeitig Ihre Gesprächspartner ernst nehmen; wie Sie Ihren kooperativen und situativen Führungsstil weiterentwickeln können und wie Sie zu einer wertschätzenden Unternehmenskultur beitragen, um Raum für Initiative, Handlungsfähigkeit und Win-Win-Lösungen zu schaffen ...

Vera Heim ist zertifizierte GFK-Trainerin, NLP-Lehrtrainerin und Ausbildnerin.

Gabriele Lindemann ist Business-Coach, Kommunikations- und Managementberaterin und zertifizierte GFK-Trainerin.

www.junfermann.de

Präsentieren & begeistern!

Lampenfieber ade!

CORA BESSER-SIEGMUND, MARIE-LUISE DIERKS & HARRY SIEGMUND

»Sicheres Auftreten mit wingwave-Coaching«

Im Jahr 2006 führten die Medizinische Hochschule Hannover und das Besser-Siegmund-Institut eine Studie zum Thema: »wingwave im Einsatz bei Lampenfieber und Redeangst« durch. Marie-Luise Dierks, die wissenschaftliche Leiterin des Projekts, stellt in diesem Buch die positiven Effekte von wingwave-Coaching für ein sicheres Auftrittserlebnis vor. Cora Besser-Siegmund und Harry Siegmund beschreiben u.a. den Einsatz der wingwave-Intervention für eine stabile Stress-Resistenz und eine positive Leistungsmotivation im berühmten »Rampenlicht«.

Die Diplom-Psychologen **Cora Besser-Siegmund** und **Harry Siegmund** sind als Psychotherapeuten, Lehrtrainer und Supervisoren in ihrem Institut im Herzen Hamburgs tätig.

Prof. Dr. Marie-Luise Dierks, Medizinische Hochschule Hannover, Leitung des Arbeitsschwerpunktes Patienten und Konsumenten.

Know-how zur Teammediation

130 Karten in stabiler Papp-Box • € (D) 39,90 • ISBN 978-3-87387-679-8

CHRISTIAN BÄHNER,
MONIKA OBOTH &
JÖRG SCHMIDT

»Praxisbox Konfliktklärung in Teams & Gruppen«

Werfen Sie einen Blick in den Methodenkoffer erfahrener Teammediatoren: Christian Bähner, Monika Oboth und Jörg Schmidt lassen Sie an ihrem professionellen Know-how teilhaben, das über viele Jahre in der Vermittlung in Team- und Gruppenkonflikten erprobt und weiterentwickelt wurde.

»Mit dieser Praxisbox haben Sie einen Gesamtüberblick für die Mediation in Teams und Gruppen. Die Autoren haben sehr übersichtlich die Methoden mit all ihren Facetten klar und praxisbezogen herausgearbeitet. Ganz besonders wertvoll finden wir die ›Spickzettel‹ mit Formulierungsvorschlägen, hilfreichen Modellen und Checklisten. Sie machen die Praxisbox zur wertvollen Unterstützung bei der Vorbereitung und während der Durchführung einer Mediation.« – mediation aktuell

Christian Bähner, Trainer und Organisationsberater, anerkannter Mediator & Ausbilder für Mediation (Bundesverband Mediation). **Monika Oboth**, Team- und Organisationsentwicklerin, anerkannte Mediatorin & Ausbilderin für Mediation (Bundesverband Mediation), zertifizierte Trainerin für Gewaltfreie Kommunikation. **Jörg Schmidt**, Mediator und Ausbilder für Mediation, Teamentwickler, Trainer für Konfliktmanagement mit Schwerpunkt öffentliche Verwaltung und Verbände, betrieblicher Berater.

Weitere erfolgreiche Titel:
»Mediation in Gruppen und Teams«
ISBN 978-3-87387-596-8
»Praxis der Gruppen- und Teammediation«
ISBN 978-3-87387-775-7
»Gewaltfreie Kommunikation«
ISBN 978-3-87387-454-1

www.junfermann.de